대안교육 20년을 말하다

대안교육 20년을 말하다

초판 1쇄 발행 2020년 3월 15일 **2판 2쇄 발행** 2023년 4월 20일
글쓴이 양희창 외 **펴낸이** 현병호 **편집** 장희숙 **펴낸곳** 도서출판 민들레
출판등록 1998년 8월 28일 제10−1632호 **주소** 서울시 성북구 동소문로 47−15
전화 02) 322−1603 **이메일** mindlebook@gmail.com **홈페이지** www.mindle.org
ISBN 978−89−88613−85−6(03370) 잘못된 책은 바꾸어 드립니다.

민들레 선집 **1**

대안교육의 어제와 오늘 그리고 내일 ——

편집실 엮음

대안교육 20년을 말하다

지난 20여 년의 대안교육운동을 돌아보며 그 공과를 짚고
대안교육과 대안학교의 미래를 함께 생각해본다.

민들레

대안교육의 공과를 짚으며

20여 년 전, 차 뒷유리에 초보운전 딱지를 붙인 채 겁도 없이 출발한 첫 장거리 운전의 목적지는 경남 산청이었습니다. 신호를 볼 겨를이 없어 범칙금 딱지에, 잘못 들어선 IC를 빠져나가지 못해 엉뚱한 곳을 빙빙 돌다 8시간 만에 도착한 곳은 산기슭의 작은 대안학교였습니다. 진땀을 흘리며 마지막 표지판을 따라 좁은 마을길을 오르다, 눈앞에 펼쳐진 따뜻한 학교 풍경에 울먹이던 마음이 순간 환해졌습니다. 두어 채의 벽돌집, 자칫 잘못 찬 공이 아랫마을로 데굴데굴 굴러가버릴 것 같은 작은 운동장, 건물 벽에 그려진 벽화…. 전혀 학교 같지 않은 그곳이 우리나라에서 처음으로 생긴 대안학교, 간디학교였습니다.

1997년 간디학교를 시작으로 전국에 수백 개의 다양한 대안학교들이 생겨났습니다. 형태는 다양했지만 지나친 경쟁과 입시 위주의 교육에 새로운 길을 제시하며, 공동체적이고 생태적인 삶을 회복하는 것이 학교 설립의 주된 목적이었습니다. 시민들의 힘으로 교육이 변하고 있구나, 가슴 벅차던 시절이었습니다. 숨 막히는 '공교육' 말고 다른 선택지가 있다는 사실만으로도 부모와 학생, 교사들은 숨통이 트였지요. 학업에 들볶이던 아이들을 가만히 내버려두면서 믿고 기다려주고 사랑해주면 점차 하고 싶은 것이 생기고 눈빛이 살아났습니다.

그러나 대안학교들이 늘어나는 속도만큼이나 구성원들도 빠르게 변해갔고, 이제 대안학교가 그 '존재'만으로 위안이 되던 시절은 지난 듯합니다. 열악한 환경 속에서도 최선을 다했으나 열정만으로는 채울 수 없는 빈틈이 점점 커지기 시작했습니다. 또한 혁신학교, 공립 대안학교 등 다양한 변화를 꾀하는 공교육이 대안교육을 '문제아를 위한 대체교육'으로 흡수하면서, 대안학교는 '일반학교를 다니기 어려운 아이들이 가는 곳'이라는 인식이 사회적으로 더 확산되고 있는 듯합니다.

대안교육운동은 근대교육의 끝자락에서 지금까지 우리 교육이 가보지 않은 길을 열어가는 일이었습니다. 잘 모르는 곳을 갈 때는 표지판을 잘 살펴야 하지요. 대안교육은 '비보호 좌회전' 표지판처럼 자율성을 그 생명으로 합니다. 안전이 보장되지 않는 만큼 자기 책임이 요구되기도 합니다. 지난 20여 년의 시간은 초보운전 딱지를 떼기에는 너무 짧은 시간일 것입니다. 용감하게 내딛은 이 걸음이 목적지를 제대로 향하고 있는지, 복잡한 교차로에서 엉뚱한 길로 접어든 것은 아닌지 잘 살펴야 할 때인 듯합니다.

자율과 공생을 지향하는 대안교육이 지난 20여 년 동안 무엇을 잘했고 무엇을 놓쳤는지 그 공과를 짚어보고, 앞으로 교육의 변화에 어떤 기여를 할 수 있을지 함께 생각해보았으면 합니다. 그간 너무 자주 뒤돌아보며 '습관성 성찰'을 한 것은 아닌가 농담처럼 말하기도 하지만, 걸어온 길을 꼼꼼히 되짚지 않고서는 함부로 발을 내딛을 수도 없는 노릇입니다. 대안교육 현장에 오랫동안 몸 담고 먼저 고민해온 이들의 이 이야기를 통해 우리가 선 자리를 확인하고, 나아가야 할 방향을 가늠해볼 수 있기를 바랍니다.

2020년 2월

장희숙(『민들레』 편집장)

2

대안교육의
진화를
위하여

3

교육 3주체가
말하는
대안교육

1부
대안교육의 어제와 오늘

행복한 학교, 자유로운 교육이었나

간디학교에서는 키 작고 잘생긴 순서로 교장을 뽑다 보니 이렇게 교장을 오래 하게 되었노라고 웃어넘긴 지도 십 년이 훌쩍 지났다. 귀때기 새파란 삼십대 후반부터 사십대를 온전히 아이들과 보냈다. 이번 학기를 끝으로 교사 생활을 접으려니 오만 가지 생각이 떠오른다. 시원섭섭하다는 표현만으로는 부족하다. 작고 하찮은 것들부터 크고 중요한 것들까지 학교 곳곳에 스며든 얼룩들 중 정감 가지 않는 것이 없다.

양희창 _ 2012년까지 제천간디학교 교장으로 일하다 학교를 떠나며 쓴 글이다. 지금은 필리핀에 아시아피스 허브 및 아시아피스 칼리지를 준비하며 제주 지구마을평화센터 센터장으로 있다.

탁월한 교육철학이나 엄청난 실천력이 아니라 '우주의 먼지가 되어 잘 살자'는 마음으로 아이들을 만났다. 나 하나 조금 변하는 데도 이렇게 많은 기다림과 노력이 필요했던 걸 보면 아이들에게도 저마다의 하늘이 있고 스스로 양성 과정이 있을 테니 그냥 믿고 가보자고 스스로에게 다짐했다. '무식한 게 용감 떨어 여기까지 왔구나, 그래도 머문 자리마다 별이 반짝였구나' 하는 생각에 새삼 두 손을 공손히 모으게 된다.

함께 이 길을 걸어오면서 벼랑 끝의 꽃처럼 반가웠던 모든 분들이 어찌나 살갑고 고맙게 느껴지는지, 실컷 고생길을 같이 걷고도 상처를 주고받고 헤어진 동지들에겐 또 얼마나 미안한지, 코피 흐르도록 사랑만 하기에도 바쁜 세상에서 수없이 상처주고 상처 받은 일들이 어찌나 후회되는지.

행복한 학교였니?

2000년 산청 간디학교의 중학교 과정이 불법 운영이라고 교육청에 의해 고발 조치되었을 때, 아이들은 교육청 앞마당으로 달려가 펑펑 울면서 제발 학교를 폐쇄하지 말아 달라고 호소했다. 그때 나도 속으로 참 많이 울었다. 억울하고 분해서가 아니라 아이들이 이렇게 좋아하는 학교를 진짜 제대로 만들어야 하는데 그러질 못하는 것이 너무 미안해서.

대안교육운동 차원에서 보면 마땅히 산청에 남아 싸워야 했지만, 다들 조금만 버티면 이길 거라고 확신했지만, 중학생만 데리고 아무런 재정 대책 없이 보따리를 싸서 멀리 제천까지 오게 된 것도 아이들이 길바닥에서 피켓을 들게 하는 게 가장 마음에 걸렸기 때문이다. 물론 운동을 포기하고 학교만 운영한 게 잘한 거냐고 물으면 할 말이 없긴 하지만, '행복한 학교'는 한 번도 변하지 않은 내 꿈이었다. 마냥 즐겁기만 한 게 아니라 울기도 하고 밤을 새기도 하면서, 결코 오지 않을 미래를 준비하는 게 아니라 오늘을 절절하게 살아갈 것, 미래의 성공을 위한 것이 아닌, 지금 나를 제대로 바라보게 하는 공부를 할 것. 이 꿈을 버린 적이 없었다.

살면서 너무 기뻐서 운 적이 얼마나 될까? 그런 면에서 보면 난 참 행복한 사람이다. 자폐증이 있는 종명이가 3학년을 마치면서 논문을 발표할 때 나도 모르게 얼마나 뜨거운 눈물이 흘러내리던지, 또 그 아이가 6년을 온전히 마치고 졸업할 때 콧물은 또 왜 그렇게 나던지. 웃음과 웃음이 만나고 눈물과 눈물이 만나는 과정을 통해 나는 깨달았다. 행복한 학교는 결국 사랑으로 만들어진다는 사실을. 나는 이 모든 것을 살구처럼 통통 튀는 아이들을 통해 배웠다.

근데 사랑하기가 쉽지 않다. 아이들을 잘 모르면서 안다고 착각하기도 하고, 성급하게 기준을 만들어 아이들을 채근하기도 한다. 언젠가 나도 모르게 아이들을 미워하고 있는 자신을 발견하고 울면서 반성의 노래를 만들어 부른 적도 있다.

꽃으로도 아이를 때리지 말자, 때리지 말자, 때리지 말자.
그러면서 마음으로 때리고 있네, 미워하면서, 무시하면서, 때리고 있네.

'행복한 학교'는 죽어라 공부해도 취직 안 되고, 나랏빚은 평생 갚아도 못 갚는, 늙어 죽지도 않는 부모를 늙어서까지 부양해야 하는, '재수 없는' 시대에 태어난 이 아이들에게 던지는 화두다. 한 번밖에 살지 못하는 인생을 행복하게 살아가는 법을 깨닫고 배울 수 있다면 행복하지 않을까? 그게 사랑과 관계라고, 소통이자 만남이라고 설을 푸는 학교가 있다는 게 그래도 위로가 되지 않을까?

자유로운 교육이었나?

자유로운 교육이 어떤 교육인지 제대로 설명할 길이 없다. 사실은 설명할 길이 없다고 하면서 무식을 감추고 있는 것이다. 아이들은 자신이 하고 싶은 대로 할 수 있는 곳이 대안학교라고 생각하고 들어왔다가 불과 한 달도 되지 않아 그 환상에서 깨어난다. 그것도 선배들에게 불려가서 신입생 주제에 건방지다고 기합을 받거나 한 대 얻어맞는 부정적인 상황으로 인해 이곳이 결코 자유의 학교가 아님을 알게 되니 정말 환장할 노릇이다.

그래도 한 가지만 힘주어 말하자면 자유의 교육이란, 잘 길들여진 노예를 만드는 교육에 불복종하고, 자립적이고 주체적인 삶을 스스로 배워나가는 것이라고 생각한다. 그래, 이건 어디까지나 생각이지 그대로 된다는 건 아니다. 하지만 적응을 위한 교육이 아니라 변화를 위한 교육이 대안교육이라고 했으니 그렇게 살도록 노력은 해야 하지 않겠는가. 자유는 '하고 싶은 대로 사는 것이 아니라 살고 싶은 대로 살기 위해 저항하고 움직일 수 있는 힘'이다. 이건 처음이자 마지막 느낌표이다.

사람은 누구나 평생 지랄을 떠는 양이 정해져 있다는 '지랄 총량의 법칙'에 따라 아이들은 충실하게 사고치고 개기고 땡땡이치고 그것도 모자라 대든다. 한때는 사건이 너무 많아 가족회의만 하다 한 학기를 마친 적도 있었다. 근데 요즘은 심심할 정도로 사고를 치지 않는다. 너무 착하면 안 되는데, 왜 사건이 안 터지지 슬슬 불안해진다. 방종을 거쳐 철이 들고 저항을 거쳐 자기 스스로 기획하는 힘을 갖는 과정, 이거 제대로 겪어야 하는데….

교육이란 모름지기 지적인 힘과 정서적인 힘, 육체적인 힘이 조화를 이루어야 한다는 게 그야말로 보기 좋은, 아리스토텔레스 이후로 가장 완벽한 '삼박자 교육이론'이다. 하지만, 이거 하는 척 하면서 영혼을 팔아먹은 교회가 얼마나 많으며, 영어교육, 창의성교육, 인성교육 들먹이면서 장사하는 학교가 얼마나 많은지 입 밖으로 꺼내기도 참으로 민망하다.

그래서 삶이 앎이 되고 앎이 삶이 되는 교육을 해야 한다고 말을 좀 바꿔 고상한 척 해보지만, 결국 그 말이 그 말이고 핵심은 '자유로운 영혼의 춤추기'가 아닌가, 설명할 수 없는 희망을 갖고 그 꿈을 실현할 수 있는 전망을 갖는 것은 자유인이 아니고서는 꿈도 못 꿀 일이다. 두려움에 물러서지 않고 고난을 감내할 수 있는 자발성을 가르치는 것이야말로 한번 해보고 싶은 교육이었는데 열심히 달리고서도 근처만 맴돌고 다닌 건 아닌지 아쉬움이 남는다.

자유로운 교육에 두 발로 흙을 딛고 살아가기 위한 식의주 교육은 필수다. 농사꾼만큼은 아니더라도 씨를 뿌리고 잡초를 뽑고 열매를 거두는 농사 수업, 찢어진 청바지를 수선하거나 이 세상에서 단 하나뿐인 나만의 옷을 만들어보는 희열을 느끼는 옷 만들기 수업, 내가 살고 싶은 집을 구상해보고 하다못해 돌덩이 하나라도 놓아보는 삶의 주체성을 일깨워주는 집짓기 수업은 아이들로 하여금 땀 흘리며 살아가는 삶의 주인이란 무엇인가를 느끼게 한다.

세상을 나가보면 얼마나 힘든지, 내가 얼마나 부족한지, 그러나 열심히 하면 얼마든지 인정받을 수 있다는 것을 인턴십을 통해 배운다. 스스로 주인이 되어 살기란 얼마나 어려운가, 하지만 삶의 주체성이란 결코 포기할 수 없는 것이지 않은가, 그래서 아이들은 자신이 하고 싶은 분야를 어렵게 찾아가서 눈물 콧물 흘리며 기어이 4개월이 넘는 과정을 결국 채운다. 아, 나라면 할 수 있었을까, 아이들에게 미안하고 고맙다.

식의주 교육, 프로젝트 수업, 움직이는 학교, 인턴십, 자치 인문학 교실, 동아리 활동, 자치회의, 그 외에도 자신의 수레바퀴 아래서 한없이 고민했던, 수많은 별들이 뜨고 지던 많은 밤들, 대나무 한 마디에서 다음 마디로 자라는 아리고 아린 그 긴 여정을 생각해본다.

생태? 아니면 동태?

생태라고요? 종이컵 안 쓰고 쓰레기 줄이고 화학 샴푸 안 쓰고 유기농 음식 먹기, 그런 게 생태적 삶이라고 생각하는데 뭐 딴 게 있나요? 근데 그런 건 그냥 우린 생태교육을 중요시하니까 잘 실천합시다 하면 되는 거지 가장 중요한 교육철학으로 내세울 만한 건 아니잖아요? 신발은 온통 널브러져 있고, 아이들이 기숙사에 버리고 간 신발만 모아 팔아도 부자 되겠는데 무슨 얼어 죽을 생태야, 동태지.

그래도 오랫동안 생태를 생각하다 보니, 점점 짙어지는 신록만 보아도 조금씩 깨달음이 생기는 걸. 작은 풀잎이 지닌 그 깊고 오묘한 색깔을 보며 아, 생태란 삶의 태도구나, 느리고 불편하게 살아야 행복하고, 작은 게 아름답다는 걸 깨달으며 살아가는 삶의 지혜구나, 덜 먹고 잘 싸고, 덜 벌고 덜 쓰며 서로 나눌 수 있다면 우린 제대로 살아갈 수 있지 않을까. 공부를 하는 것도 많이 버는 사람이 되기 위해서라고 하는데, 난 조금만 벌어야지 하는 바보들이 있다면 세상이 얼마나 달라질까. 그로 인해 세상은 또 얼마나 큰 용기를 얻을까. 시골 밤하늘에선 매일 별을 볼 수 있음에도 난 별 볼 일 없는 사람이야 하고 생각하는 어리석음에서 벗어나는 게 생태 아닐까? 우리는 자본으로부터, 부도덕한 국가로부터 벗어날 수 있는 삶을 생태적인 삶이라고 말하고 싶었기에 대안교육은 대안적 문명을 위한 교육이라고 힘주어 말하지 않았던가.

우리는 후쿠시마의 종말을 잘 알고 있다. 그 전날 아이들은 학교 갈 준비를 하고, 어부들은 고기 잡을 그물을 손질하고, 휴가 온 외지인들은 무엇을 먹을까 행복한 고민을 하며 느긋하게 벤치에 앉아 있었을 게다. 그리고 다음날 그들은 지구의 종말을 보았다. 그리고 우리는 그 지옥을 목격하고도 어김없이 야자를 하고, 일제고사를 일제히 치르고, 닭장 속의 닭들처럼 우리에 갇혀 폭력과 자살, 왕따를 답습하고 있다.

삶의 태도를 바꾸지 않으면 우리가 왜 이렇게 살아야 하는지, 왜 이렇게 의미 없는 고통을 겪어야 하는지 결코 알 수 없을 뿐더러, 등 뒤의 오솔길도 발견할 수 없을 것이다. 욕망과 소비, 불안의 삶을 극복하고 녹색의 가치를 실현하기 위해 왜 동태가 아닌 생태가 되려고 했는지 다음 주자들이 좀더 고민하고 애써줬으면 한다.

공동체. 말은 쉽지만 십 년 동안 겨우 '간디학교가 존재하는구나' 정도의 인식과 인정을 받았을 뿐이다. 지역 공부방도 만들고 다문화센터, 지역 카페도 만들면서 '우린 하나입니다'라고 말하고 싶었지만, '그건 너희들 생각이지, 좀더 살아봐' 하는 대답이 돌아왔을 뿐이다. 그래, 더 겸손하고 더 진지하게 납작 엎드려 기어보자. 그리고 우리도 농촌 지역에서 함께 살아간다는 게 어떤 건지 깨달을 때까지 결코 긴장을 늦추지 말자 다짐했었다. 사회적기업을 만들었다가 오히려 고발이나 당하는 호된 수업료를 치른 것도, 농촌 공동체를 만드는 일이 결국 가늘고 길게 가야 하는 일임을 깨달았던 좋은 배움이었음을 고백한다.

간디학교는 무엇이 행복이고 지혜로운 삶인지, 배운다는 것이 무엇인지를 함께 알아가는, 연기 피어오르는 할머니의 작은 오두막 같은 곳이었다. 교육에 왕도가 없듯이 배움에 끝이 있으랴. 그래서 난 이제부터 배우는 사람, 학생이 되련다.

(vol. 81, 2012. 5-6)

대안교육 20년의 실천을 돌아보며

대안교육은 '다양성의 호수'였다

20여 년 전 원대한 꿈을 간직한 사람들이 대안교육이라는 이름으로 모여들었다(한때 이름에 '꿈' 자가 들어간 대안학교 수가 10여 개에 이르렀다). 그들은 대안교육을 넘어 대안사회를 넘보는 담대한 꿈을 꾸었다. 진보교육감 당선과 촛불혁명을 통해서 민주주의 교육이 부각되는 이때, 20여 년 동안 민주시민교육과 가치교육을 실천해온 대안교육이 주목을 받기는커녕 '위기론'이 나오는 현실이 안타깝다.

이철국 _ 푸른꿈고등학교, 고양자유학교를 거쳐 지금은 불이학교에서 아이들을 만나고 있다. 『아이는 당신과 함께 자란다』를 썼다.

20년 전으로 거슬러 올라가서 복기를 해보고 싶다. 초창기 대안학교는 '(생각보다 훨씬) 거대한 다양성의 호수'였다. 우리 사회에 팽배한 억압과 권위를 부정하고 획일적인 문화를 거부하려는 사람들, 처음 느껴보는 자유로운 분위기 속에서 내면의 개성과 다양성이 터져나왔다. 안타깝게도 다양성이 열매를 맺지 못하고 꽃만 만발하였다. 부모들은 화성에서, 교사는 금성에서 왔고 아이들은 명왕성에서 온 것 같았다. 또 부모끼리도 교사끼리도 아이끼리도 각각 다른 은하에서 온 사람들 같았다. 미처 예측하지 못했던 풍경이었다. 문제는 다양성에서 오는 혼란과 갈등을 조정하고 소통하는 능력이 부족했다는 것이다. 대안교육 개척자들은 대안학교를 찾아오는 사람들이라면 다 자기와 같은 생각을 하고 있을 거라는 착각을 했던 것 같다. 같은 방향을 바라보면서도 다른 생각을 할 수 있다는 것을 이해하지 못했고, 이해를 못하니까 받아들일 수 없었다.

이때 다른 가능성을 봤어야 했다. 대안학교에 모인 사람들일지라도 다 다르며(진보적인 생각을 가지고 있더라도 그 내용은 다 다르며), 이것은 건강하고 자연스런 일이라는 것이다. 대안학교는 다름을 인정하는 한 차원 높은 가치를 습득할 수 있는 절호의 공간이었다. 그러나 '틀린 것이 아니라 다른 것이다'라고 습관처럼 말하면서도, 실제로는 '다른 건 틀린 것이다'라는 실행 버튼을 누르고 또 눌렀다.

학교는 가치를 실현하는 공간이면서 동시에 다양한 문화가 교류하고 충돌하는 소통의 장이다. 둘 중 어느 하나도 무시할 수 없다. 한걸음 더 나아가 대안교육만이 가치 있는 (좋은) 교육이라는 생각에서 벗어나야 한다. 우리 사회에는 대안학교 말고도 못지않게 열심히, 가치 있는 일을 해나가는 사람들이 많다.

지난 20년을 회고해볼 때 부끄럽지만 인정할 수밖에 없는 건 우리가 조급했고 서툴렀다는 것이다. 지금부터라도 대안교육이 잘못한 것을 찾아내서 걸러내는 작업, 그리고 잘한 것을 찾아내서 더 발전시키는 작업이야말로 시행착오에서 교훈을 얻어 도약의 발판을 마련하는 길이라고 생각한다. '과거를 돌아보며 새로운 미래를 만들기 위해 현재와 씨름하는' 집단 활동을 통해 대안교육의 활로를 꼭 찾고 싶다. 이때 중요한 것은 '새의 시선' 내지 '외계인의 시선'이다. 내 눈은 내 눈을 볼 수 없고, 지구를 벗어나지 않는 한 지구 전체를 온전하게 볼 수 없는 것처럼, 대안교육 안에서는 대안교육을 정확하게 볼 수 없으므로 외부에서 바라보는 관점이 꼭 필요하다.

인식의 간극을 어떻게 극복할까?

대안교육을 이해함에 있어서 대안학교 주체들과 일반 사회에서 느끼는 인식 사이에 간격이 발생했다. 그래서 '나는 바람 풍

하는데, 너는 바담 풍' 하는 갑갑한 현상이 지속되었다. 교육부 등 교육계는 20여 년 전부터 대안학교를 만든 사람들의 생각과 눈으로 대안교육을 바라보지 않았다. 우리는 '바람'이라고 말하는데 그들은 '바담'이라고 말하고 있다(우리는 그렇게 생각한다). 교육계가 대안교육의 '대안'을 부적응아를 위한 학교, 공교육 대체제 등 대안학교를 만든 주체들의 '대안'과 다르게 바라보는 것은 국가주도 교육 외 어떤 교육도 인정하지 않으려는 관성 내지 선입견에서 비롯된, 보고 싶은 것만 보려는 태도 때문이 아닌가 생각한다.

공교육에서 모범생/문제아, 우등생/열등생 이분법적 구도가 그대로 대안교육을 바라보는 틀로 작용하고 있다. 대안교육은 일종의 '이분법적 패러다임의 피해자'라고 할 수 있다. 한번 굳어진 사회적 통념 혹은 편견은 얼마나 고치기 힘든가. 역설적으로 이런 현상은 대안교육의 존재 이유를 설명하는 것이기도 하다. 대안교육이 힘든 이유는 이런 편견과 싸우며 패러다임 자체를 바꾸는 활동, 교육과 아이를 바라보는 관점 자체를 바꾸는 일이기 때문이다. 천동설이 지동설로 바뀌기까지 얼마나 많은 사람들이 사상의 자유를 빼앗긴 채 긴 시간을 보내야 했는지를 생각해보라. 이 이분법적 패러다임에 휩쓸리지 말아야 한다. 교사의 생각이 중요하지만 아이들 생각도 못지않게 중요하며, 아이와 인간을 바라보는 새로운 관점의 전환이 있어야 한다.

평화는 적응-부적응, 장애-비장애를 넘어서는 곳에 있다는 것, 결국 교육은 인간의 문제라는 것을 뼈에 사무치도록 확인해야 한다. 이것이 대안교육을 바라보는 인식의 차이가 생긴 외부적 요인이라면, 내부의 요인도 살펴보아야 한다. 나름 노력했으나 세상과 소통이 잘 안 된 내적인 이유는 무엇인가?

대안교육의 초기 전략은 차별화였다. 따라서 다름을 전면적으로 부각시키기 위해서 세상과 구별 짓고 공교육과 차이를 강조하였다. 이런 방법은 처음에는 생존을 위해서 불가피한 측면이 있었지만 신속하게 세상과 소통하는 전략으로 바꿨어야 했다.

그리고 대안학교는 공공의 지원을 기대하기 어려운 상황에서 모든 것을 스스로 해결해야 하는 자족적이고 자기완결적인 공동체였기 때문에, 우리의 의지와는 무관하게 일반 사람들에게 특별한 섬 내지 '그들만의 리그'로 비춰질 개연성이 있었다. 특히 '강제된 재정적 자립'은 계층적으로 갇히는 결과를 초래했고, 이것이 20년 동안 대안교육의 발목을 잡았다. 그렇지만 계층적 한계를 뛰어넘은 대안학교도 있었다. 결론적으로 20여 년 동안 우리 사회는 대안학교가 생겨나기 전부터 이미 형성되어 있었던 대안교육에 대한 선입견에서 벗어나지 못했고, 이 생각을 바꾸기 위한 대안교육의 노력 또한 부족했다.

또한 이 중요한 시점에 많은 학교에서 재정 문제와 터전 마련에 에너지를 소모하면서 변화의 동력을 잃어버렸다. 처음에는 반지하 단칸방 같은 곳에서 소박하게 시작했다가 학생 숫자가 늘어나면서 점점 영구 터전 마련에 집중하였다. 대안학교의 자기희생적 비용, 즉 학부모가 감당해야 할 재정적 부담의 규모가 예상보다 더 커져버리면서 융자, 채권과 채무란 말에 익숙해졌다. 교육에서 공간이 갖는 중요성이 분명 있다. 다만 사회적 소통과 실천을 통해서 대안교육이 도약을 해야 할 중요한 시기에 영구 터전 마련에 힘을 쏟아붓느라 구성원들의 관심의 방향이 내부로 향하게 되었다는 점을 지적하고 싶다.

실천적 관점에서 본 대안교육 20년의 흐름[1]

설립 및 팽창기 _ 매우 바빴던, 열정과 도전과 낭만의 시절

- 2001~2006년 동안 해마다 11~14개 대안학교가 생겨났다
- (대안)교육에 관한 많은 담론들이 화려하게 피어났다.
- 창조와 분열의 시기이기도 했다.

안정기 _ 놓쳐버린 8년, 대안학교가 사회적 주목을 받던 시기

- 도약의 첫 번째 기회였으나 때를 놓쳤다.

---

1 각종 연도와 팽창기, 안정기, 침체기 등의 표현은 필자의 주관에 따라 임의로 분류한 것임을 밝힌다.

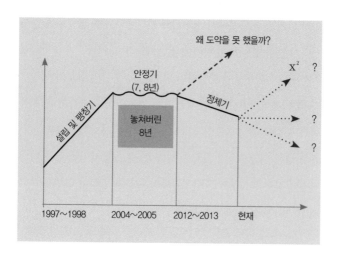

- 법제화/제도화를 추진했으나 안정되지 못하고 혼란이 가중됐다.

- 기존 리더십의 한계가 드러났지만 새로운 대안을 찾지 못했다.

- 정명운동이 대안교육의 발전으로 귀결되지 못했다.

정체기 _ 두 번째 도약의 기회

- 무엇이 잘못되었는지 정확하게 분석하고 성찰해야 할 시기

- 대안학교들이 연대하고 사회적 소통과 실천으로 나가야 할 시기

앞으로의 대안교육 모습은 위의 좌표에서 예상해볼 수 있는 세 가지 경로 중 어떤 것일까? 나는 x^2의 해를 모른다. 그렇지만 분명하게 말할 수 있는 건 대안교육의 미래를 결정하는 힘은 외

부가 아니라 우리 손과 머리 안에 있다는 것이다. 교육에 도약은 없다. 한 걸음 한 걸음 정직하고 치열하게 나가는 것이야말로 대안교육의 발전을 보장하는 유일한 방법일 것이다. 대안교육 안에서 낡은 것과 새로운 것 사이의 갈등의 파고를 건강하게 높이면서 활로를 찾아보자.

대안교육의 '놓쳐버린 8년'

팽창기에서 안정기에 이르는 10여 년은 상승하는 기세로 자발적인 에너지가 넘쳐나고 대규모 동원이 가능했던 시기였다. 대안교육한마당 행사는 대학을 통째로 빌려서 이틀간 진행했으며, 프로그램마다 수백 명이 몰려들었다. 이때 왜 도약을 못 했을까? 세상은 변하고 있었는데 대안학교는 그 변화를 눈치채지 못했다. 사회와 소통하기 위해서는 사회로 눈을 돌렸어야 했는데, 오히려 내부에 갇히고 말았다.

이때 교육철학을 아이들에 맞춰서 재점검하고, 철학과 교육과정 사이에 벌어진 간극을 줄이려는 노력을 하고, 교사 처우 개선에 힘쓰고, 2세대 새로운 리더를 양성하고, 국민과 눈높이를 맞춰서 사회적 실천과 소통에 나섰어야 했다. 대안학교 사이에 무너지기 시작한 대칭성을 회복하려는 노력을 통해 연대의식을 고양시켜야 했다. 규모가 큰 선발 대안학교와 나머지 후발 군소 대안학교가 상생하는 방안을 적극적으로 고민했어야 했다. 대안교육이 최정점에 올랐을 때 시민들과 소통함으로써 사회적 인정을 받으려고 하기보다는 법제화에 기대를 갖고 의존하면서 자생력이 약화되었다.

대안학교의 변화에 대해 10여 년 전부터 논의하던 몇 가지가 있다. 386세대가 지나가면서 학부모가 바뀌고 신입생 지원자가 줄어들었고, 대안학교의 철학과 내용을 본떠 많은 혁신학교가 생겨났고, 대안학교에 돌봄이 필요한 아이들의 지원이 늘고 있다는 등의 이야기다. 어느 정도 맞는 말이지만 안타깝게도 여기서 논의가 멈췄고, 이런 변화에 대한 준비 없이 어정쩡하게 시간을 보냈다. 그냥 주변 상황을 바라보기만 했지 변해가는 시대에 맞게 적극적으로 바꾸려는 노력을 하지 않았다.

세상은 바뀌고 있는데 대안학교의 변화는 느리다. 아이들도 바뀌고 부모도 바뀌고 교사도 바뀌고 심지어 공교육도 바뀌고 있다. 대안학교에 지원하는 부모와 아이와 교사가 바뀌었다는 것을 알면서도 걱정만 하지 스스로 바뀌나갈 생각을 하지 않았다. 경쟁 중심의 성적과 대학입시라는 하나의 가치에 매달린 기득권에 대항해서 다양한 가치를 존중하고 존중받고자 출발한 대안학교가 어떤 면에서는 스스로 권위가 되어버렸다고도 할 수 있을 것이다. 세상과 대안교육을 연결지어 이해해야, 자신과 대안교육을 바꾸어갈 수 있다.

사회와 연결되는 대안교육

대안학교의 가장 큰 자부심은 교사의 헌신성, 그리고 그런 교사에 대한 학부모와 아이들의 믿음이다. 이것이 무너지면 대안교육은 없다. 그렇기 때문에 더욱더 교사의 헌신성이 교사의 희생이나 소진으로 귀결되지 않도록 대책을 즉각 마련해야 한다. 나는 교사가 소진되지 않고도 신뢰를 얻을 수 있는 방안이 있다고 믿는다. 그것은 교사와 부모와 아이가 서로를 인격적으로 대등한 존재로 받아들이고, 교사의 노동환경을 개선하는 것이다. 교사 복지와 교육기회의 확대, 안타깝게도 이 관계는 모순적이다. 교육비를 올리면 교사 복지는 높아지지만 덩달아 학교의 문턱이 높아지고, 문턱을 낮추면 교사 복지가 희생된다. 그럼에도 지혜를 모아서 이 모순을 시급히 해결해야 한다.

대안교육의 큰 아픔은 새로운 교사를 키워내지 못했다는 것이고, 지금의 위기는 이와 무관하지 않다. 재정적 부담이 늘어난다 하더라도 5년, 10년 뒤를 내다보며 사람을 길러냈어야 했는데 많이 부족했다. 가난한 교사는 대안학교의 부끄러움이자 약한 고리다. 큰 비용을 들여 교육공간을 마련하는 것보다 교사의 성장과 복지에 투자했어야 했다. 부모와 아이들의 미래에 대한 불안 못지않게 교사가 갖고 있는 대안학교의 지속성에 대한 불안을 해소하는 것이 중요하다.

교사는 교육의 3주체 중에서도 핵심 주체라 할 수 있다. 대안교육의 활력을 되찾기 위한 왕도는 무엇보다 교사들에게 희망을 주는 것이다. 교사들이 대안교육에 자긍심을 갖고, 동시에 직업적 전망을 가지고 어려움을 헤쳐 나갈 근육을 갖춘다면 못할 일이 없을 것이다. 아이들과 부모와 교사가 즐겁게 춤출 수 없다면 대안교육이 아니다. 특히 교사가 춤을 출 수 있어야 한다. 그동안 열정은 넘치지만 인간적으로 또 교육학적으로 미숙한 교사들도 있어서 실망하는 부모와 아이들도 적지 않았지만, 대안학교는 아이들과 교사, 부모가 같이 성장하는 학교임을 잊어서는 안 될 것이다.

20년 동안 지켜본 바로는 대안교육에 대한 사회적 인식이 저절로 바뀌지는 않는다. 대안교육을 직간접으로 체험해볼 수 있는 행사를 자주 열고, 대안학교 내부의 소통은 물론 사회와의 소통으로 관심과 활동을 넓혀 나가야 한다. 시민단체 수준의 이해와 지지는 받을 수 있어야 하지 않겠는가. 대중과 접촉면을 늘리기 위해 달마다(혹은 한 학기에 한 번) '학교 개방의 날' 같은 것을 열거나, 일반인과 함께하는 대안교육 한마당을 열어보자. 대안교육 20주년 기자회견이나 심포지엄 같은 활동을 통해 사회와 소통을 해가다 보면 대안학교 내부의 개혁과 대안교육의 공공성 확보라는 부수적 효과도 기대할 수 있지 않을까.

압정 효과라는 것이 있다. 대안교육의 이상이 자신들만의 자족적인 섬에서 벗어나서 사회적 공감을 얻고 커다란 흐름을 이루려면 압정의 머리에 해당하는 폭넓은 대중적 지지 기반을 다져야 하고, 핀끝은 지금보다 더 전문적으로(즉, 더 대안교육다운 모습으로) 예리하게 다듬을 필요가 있다.

(vol. 117, 2018. 5-6)

양극화 사회,
대안교육은 대안이 되고 있는가

공교육에서 밀려난 아이들에게도
학교는 필요하다

"중도탈락 청소년들의 경우 대부분 중하위의 경제적 여건과 그에 따른 부모들의 교육적 배경을 갖고 있습니다. (…) 교육 혜택이 수혜자 부담 원칙에 의해 제한된다면 교육을 통한 계층의 재생산은 불가피합니다. 그런 까닭에 저소득 계층에 대한 교육서비스의 지원은 시민사회가 참여하는 현실적 지원을 통한 광범위한 네트워크를 통하는 것이 가장 바람직하다고 할 것입니다."

염병훈 _ 소외된 청소년들의 배움을 돕는 일을 한다. 도시형 대안학교인 '광진도시속작은학교'를 거쳐 2018년까지 아름다운학교 학교장 및 길잡이교사로 일했다.

2000년 4월, 최초의 전일제 도시형 대안학교인 '도시속작은학교'를 시작하면서 민들레 8호에 기고한 글의 일부이다. 요즘은 텔레비전에 국내외 대안학교나 선진국의 부러운 교육 시스템이 자주 소개되지만 그즈음 대안학교나 새로운 교육으로 소개되었던 것은 실험적이었던 간디학교나 '바람의 아이들' 제목으로 방영되었던 원불교 대안학교 정도였다.

당시 학교를 그만두는 청소년들은 한 해 7만 정도라 했고 대안학교는 기숙형 고등학교들을 포함해 전국에 열댓 개 정도였다. 이 시기 학교를 그만두는 아이들은 대부분 비행청소년, 문제아라는 딱지가 붙어 있었고 우리가 만난 대부분의 아이들에게서도 가난과 버림받음, 음습함의 냄새가 났다. 그런 사회적 낙인들 때문일까? 스스로 새로운 교육을 찾아 길을 나섰던 몇 안 되는 아이들조차 그 당시에는 자신을 드러내기를 많이 꺼려했다.

학교에서 밀려난(외형적으로 이들은 학교를 때려치운 것이었으나 사실은 학교가 이들을 제도 밖으로 밀어낸 것이다. 이런 아이들은 거의 대부분 가정의 지지가 취약하고 스스로 배움을 찾아가기 어려운 상황과 배경을 갖고 있다.) 이 아이들에게는 학교와는 아주 다른 개별적인 교육방식과, 무엇보다도 신뢰할 만한 어른들의 정서적 지지와 밀착된 돌봄이 필요했다. 가출을 밥 먹듯 하는 이들에게 안정적인 주거도 필요했고, 온전하지 못한 가정이 더 심각한 위기에 이르지 않도록 보호자들에 대한 지지도 병행되어야 했다. 먹는 것 자체가 부실했던 아이들의 영양 상태에도 관심을 갖지 않을 수 없었고, 남녀 학생이 주로 야간에 어울려 여기저기 전전하는 이 아이들에게 성적인 자기결정권은 고상하기만한 단어였다. 더욱이 오랫동안 학업을 중단했던 이 아이들의 학력은 초등학교 수준도 되지 못하는 경우가 허다했다. 이 아이들과 서머힐과 발도르프, 도쿄슈레와 무반덱 같은, 대안학교 교사양성과정이나 관련 서적 등에서 보았던 대안학교는 도대체 어떻게 만들어갈 수 있을까. '도시속작은학교'는 이런 혼란스러움 속에서 그 첫발을 내디뎠다.

뒤돌아, 오던 길을 보다

그렇게 학교를 시작한 이후 몇 군데의 대안학교를 옮겨 다니며 많은 아이들을 만났다. 도시형 대안학교에 들어오는 아이들은, 모두가 그렇진 않지만 대부분의 경우 많은 상처를 갖고 있다. 따돌림, 학습부진, 경증의 장애, 힘겨운 가족사, 대인관계의 절망감, 경제적 열패감에 둘러싸여 힘겨워한다. 조금씩 욕구가 변화하고는 있으나 이 아이들이 처음 바랐던 것은 새로운 교육, 미래의 직업, 대학, 특기적성의 개발 따위의 것들이 아니었다. 이들은 누군가가 붙잡아주기를 원했다.

여기까지 오느라 힘들었겠구나, 너도 괜찮은 놈이야, 넌 충분히 할 수 있을 것 같은데! 너 그거 되게 잘하네? 넌 우리학교 학생

이야, 우리 이거 한번 같이 해볼래?

사납게 으르렁대거나, 아니면 기가 죽어 눈도 마주치지 못하면서도 사실 그 아이들이 듣고 싶었던 말이 이런 것이었음을 안 것은 한참 뒤였다. 생활 속의 수학, 팝송으로 배우는 영어, 세상 바라보기, 우리말과 글 등 대안적인 교육을 한답시고 내밀었던 어설픈 대안들이 이 아이들에겐 또 얼마나 낯설었을까. 과음으로 쓰린 속을 부여잡고 일어난 아침에 버터 바른 토스트를 내민 격이었겠지. 수업이 제대로 굴러가지 못하는 일은 다반사였다. 늦잠, 결석, 가출, 흡연, 음주. 이들의 생활습관은 좀처럼 고쳐지기 어려웠고, 교사들은 학습 성취가 아닌 출결 같은 생활 문제와 씨름하느라 기운이 거의 소진되고 있었다. 도시형 대안학교의 전반기라고 할 수 있는 3~4년은 서로 방향을 잡지 못한 채 이렇게 흘러갔다.

시간을 견뎌낸 힘이었을까? 아이들의 눈빛에서 적개심이 수그러들고 낯빛에서는 경계심이 풀렸다. 사실 나도 정확히 언제쯤부터였는지는 잘 알 수 없다. 도시형 대안학교 교사들이 나오지 않는 아이들을 찾아 밤거리를 돌아다니는 일이 줄어들기 시작했고, 교사들의 입에서 수업과 학습이라는 단어가 자주 오르내리게 된 시점. 교사들과의 원초적 부딪힘을 견뎌온 시간들이 아이들에게는 신뢰를, 무턱대고 이것도 해보고 저것도 만들어보았던 혼돈의 세월들이 교사들에게는 노하우를 축적하는 양질전환을 만들어내었을 것이라 미루어 짐작할 뿐.

"제발 사고만 치지 마라, 제발 학교에만 나와 다오, 제발 눈을 보고 이야기 좀 하자." 이 아이들이 이제 검정고시를 보고, 대학을 가고, 군대를 가고, 더러는 취직을 했다. 물론 여전히 양지에 부재중인 아이들도 있기는 하다. 얼마 전 책을 낸 모 대안학교의 졸업생처럼 S대를 가지는 못했지만, 텔레비전에 자주 나오는 공연단 아이들처럼 신기한 악기를 만들고 두드리며 나라 안팎을 돌아다니지는 못했지만, 이 아이들은 해마다 학습발표회가 열리는 날이면 후배들과 선생님들을 찾아와 지난 시절 자신의 무용담(?)과, 한때는 자신들에게는 불가능할 것만 같았던 세상에서의 생존 경험들을 멋쩍게 풀어놓는 졸업생 선배가 되었다.

도시형 대안학교에는 학습에 우선하는 돌봄이 있다. 배움의 과정을 설계하는 것보다 삶을 지지해주는 것, 잘 할 수 있는 것을 찾아주기 전에 이제껏 무시하고 천대했던 자기 자신을 다시 바라보게 해주는 것, 이런 섞임의 과정을 통해 아이들은 천천히, 조금씩 자신이 받아들여지는 경험을 한다. 이렇게 만들어진 학교의 교육시스템 속에서 아이들은 사람을 신뢰하는 체험을 하고 세상과 소통하는 법을 익히고 있다.

10년 가까운 시간이 흘렀고 대안학교의 수도 많이 늘었다. 주로 초등 대안학교가 많이 늘어났고, 기숙형 학교들의 수도 눈에 띄게 늘어난 것 같다. 도시형 대안학교도 그 수가 늘고는 있으나

위에 비하면 증가세가 많이 더디게 보인다. 돌아보면 도시형 대안학교들도 많은 변화들이 있었으나 지향하는 대상이나 운영방식, 수혜자부담 비율 등에서는 지금도 대부분 기존의 철학을 유지하고 있다. 장애아, 새터민, 이주노동자 자녀 등 사회의 약자들에게 새로운 교육의 길을 열어주었고 프로젝트 학습, 개별 맞춤교육, 멘토링 시스템, 학원과는 다른 검정고시 학습 등 대상 특성에 맞는 교육 노하우도 많이 축적하였다.

이렇게 도시형 대안학교는 그 숫자는 비록 적지만 제도권 학교와 기숙형 학교로 지칭되는 일반적 대안학교의 틈새에서 갈 곳이 막막했던 다수의 탈학교 청소년들에게 훌륭한 교육적 안전망이 되어주었다. 규모의 영세성과 지속성이 없는 교사진, 사회가 요구하는 학습 성취 수준의 미흡함 등 아직 넘어서지 못한 많은 난제들이 남아 있기는 하지만 말이다.

대안교육 안의 양극화의 문제에도 이제는 눈을 돌려야 한다

지겨울 만치 익숙한 단어인 '양극화'. 이 문제는 점점 심각한 위험수위로 치닫고 있다. 사회와 교육이 양극화로 치닫고 있는 요즘 대안학교는 이러한 사회의 현실에 어떤 대안을 제시하고 있는가?

10년 동안 늘어난 대안학교들을 들여다보면, 대부분 대안교육에 적극적인 관심을 갖는 부모의 자녀들과, 좋은 교육내용 만큼의 금전적 대가를 지불할 수 있는 가정에서나 입학 가능한 학교인 듯 보인다. 초등 대안학교는 주로 조합형으로 시작하였거나 그렇지 않더라도 일정 기부금 또는 예탁금을 지불해야 입학이 가능한 것으로 알고 있고, 기숙형 학교의 경우에는 기숙사비를 포함하면 월 몇십 만원의 학비가 들어간다고 들었다. 도시형 대안학교 중에서도 교육과정과 시스템이 언론에 자주 소개되는 학교들의 경우 기숙형과 비슷한 학비 부담이 있다. 정확한 통계를 갖고 있지는 않지만 현재 탈학교 학생들의 유형 분포와 대안학교에 입학하는 학생들의 유형 분포는 불균형 상태에 있음이 분명해 보인다.

물론 이런 학교들에도 장학금 제도가 있어 어려운 처지의 아이들에게 혜택을 주기도 할 것이다. 그러나 내가 알기로 여전히 전체 운영예산에서 수혜자의 부담금(월 교육비, 기부금, 예탁금)이 차지하는 비율이 높다는 점은 부인하기 어려울 것이다. 이에 비해 도시형 학교들의 경우 약간의 차이는 있겠지만 수혜자 부담금이 30퍼센트를 넘지 않으리라 본다. 우리 학교 경우를 보더라도 전체 예산에서 수혜자 부담금 비율은 대체로 15~20퍼센트 수준이다. 나머지 비용(전체 운영예산의 80퍼센트 이상)은 지자체 보조금, 외부 공모사업, 외부기관 장학금, 일반 후원금 등으로 채워진다. 바꾸어 말하면 탈학교 학생들 중 많은 수가 경제적 사회적 취약 계층의 가정이라고 볼 때 도시형 대안학교는 경제적 진입 장벽이 현저히 낮다는 이야기다.

결국 대안교육 안에서도 경제적인 능력이나 여건이 되는 가정에서 선호하는 학교와 그렇지 못한 가정에서 선택하게 되는 학교는 점점 더 구획이 나뉘게 될 것이다. 이 문제를 이대로 방치한다면 시설과 재정도 크게 간격이 벌어지고 그에 따른 교육의 질 또한 대안교육 안에서조차 양극화로 나타날 것이 분명하다. 대안교육 진영은 추구하는 교육의 본질과 연관하여 이 부분에 대한 전망을 진지하게 고민해야 한다.

대안교육, 그 상생의 의미를 잊지 말아야

우리가 추구하는 대안교육의 본질은 무엇인가? 이 부분에 대해 철학적으로 긴 설명을 나열할 생각은 없다. 다만 경쟁이 아닌 상생을 지향하는 것이 대안교육의 중심가치 중 하나라는 사실은 잊지 말았으면 한다. 경쟁을 통해 만들어진 사회 피라미드에서 가장 밑부분에 속하는 다수에 대한 배려와 존중을 실천하지 못하는 교육은 엄밀히 말해 우리가 꿈꾸는 미래사회의 대안이 될 수 없다. 현재 대안교육 진영의 많은 대안학교들은 피라미드의 하위에 속한 계층에게는 진입 장벽이 매우 높은 것이 사실이다.

대안교육 진영의 현 상황이 이렇게 될 수밖에 없는 이유를 모르는 바 아니고 대안학교가 귀족학교라는 세간의 비판에도 동의하지 않는다. 그러나 다수의 대안학교들이 자신들의 철학에 사회적 약자에 대한 교육적 배려가 어떻게 녹아 있는지, 그리고 그 철학에 기초한 교육과정이 어떻게 구현되고 있는지, 어떤 대상을 우선해서 선택하고 있는지는 되짚어볼 필요가 있다고 생각한다. 자신들의 학교는 이를 기준으로 사회적 약자들에게 어느 높이의 장벽을 치고 있는지 치열하게 돌아보기를 권한다. 만약 진정으로 상생의 가치를 구현하려는 의지를 갖고 있다면 이 진입 장벽을 최대한 낮추려는 시도를 진지하게 실천해야 한다고 생각한다. 가령 경제력이 없어도, 학습력이 낮아도, 부모의 교육의지가 없어도 본인의 수학 의지(본인의 의지는 필수요건일 수밖에 없겠다)만 있다면 교육의 기회가 허락되는 학생선발 구조를 갖고 있다면 진입 장벽은 낮아지리라 믿는다.

물론 이러한 시도를 가로막는 가장 큰 문제는 바로 경제적인 부분일 것이다. 나 또한 대안학교가 안고 있는 경제적인 어려움을 충분히 이해하고 있다. 그러나 "경제적인 여유가 없어 진입 장벽을 낮출 수 없다, 즉 수혜자에게 고비용을 부담하게 하는 구조가 불가피하다"는 논리는 수혜자의 경제적 지불 능력을 입학의 조건으로 삼는 것과 다름 아니다. 이 문제를 극복할 방법이 전혀 없는 것은 아니라고 본다. 만약 국가나 시민사회가 지원할 필요가 있는 대상을 껴안는다면 그에 따른 재원 확보 방법도 달라질 수 있다. 각종 장학, 복지, 사회공헌 재단에서 소외 청소년들을 지원하는 사업들이 있고, 이러한 아동, 청소년들을 지원하는 국가지원금도 있다. 시민사회의 정기적인 후원도 최대한 유치할 수 있다. 도시형 대안학교들이 수혜자 부담비율을 줄일 수 있는 것은 이런 재원을 활용하기 때문이다.(실제 도시형 대안학교의 경우 대체로 전체 학생의 50퍼센트 이상이 사회적 지원이 필요한 청소년들이다.)

일반 대안학교들이 이런 재원의 수혜자가 될 수 없는 이유는 선택한 대상이 다르기 때문 아닐까. "우리가 추구하는 대안교육을 원하는 사람들은 대부분 어느 정도의 경제적 또는 의식적 수준이 있는 부류의 가정들이라서 어쩔 수 없다"는 현실적인 어려움은 어쩌면 핑계일 수도 있다.

사실 이 문제는 더 깊이 들어가면 단순히 돈 문제에만 국한되는 게 아닐지 모른다. 어쩌면 내 아이에게 더 좋은 교육을 시키려는 부모의 욕심 즉, 생활환경이 다르고 거친 아이들과 함께 교육받는 것에 대한 거리낌, 지불한 비용에 대한 효과가 내 아이에게 많이 돌아가지 못할지도 모른다는 불신이 자리하고 있는지도 모른다. 그리고 교사 입장에서 보자면, 성과가 뒤처지는 아이들에게 마치 밑 빠진 독에 물 붓듯 쏟아야 하는 시간과 노력의 막막함, 가르치는 일 외에 추가로 이 아이들에게 필요한 예산을 확보하기 위해 여기저기 제안서를 내고 부탁을 하고 다니는 힘겨움이 부담스러울 수도 있다. 혹시 이런 이유들이 내면 깊숙이 자리해서 소외받는 아이들을 껴안지 못하게 발목 잡는 건 아닌지 뼈아프게 살펴봐야 한다. 물론 밖에서는 알 수 없는 여러 이유들이 있는데 잘 알지도 못하는 제3자가 하는 이야기가 섭섭하게 들릴 것이다. 그러나 냉정하게 스스로의 철학과 현실을 관찰하고, 상생을 위한 대안을 함께 찾아보고, 집단의 화두로 다 같이 고민해보는 성찰과 다짐의 시간들은 반드시 필요하다고 생각한다. 그 시간들은 우리 모두를 한 단계 더 성장시킬 것이라고 믿는다.

더불어 대안교육의 진영에서는 냉철한 분석을 통해 그동안 누적되어 늘어난 전체 탈학교 아이들의 유형별 분포와 그 기간 동안 늘어난 전체 대안학교 입학생들의 유형별 분포가 어느 정도 일치하는지를 정확히 파악해볼 필요가 있겠다. 그것을 통해 우리가 어디쯤에 있는지 객관적으로 가늠해보아야 한다.『민들레』역시 책에서 다루고 있는 대안학교의 여러 유형과 사례의 소개에 치우침이 없었는지 되짚어볼 일이다. 이렇게 외형적으로 대표되는 사례와 유형들이 중요한 이유는 편중된 대상인식이 교육과정 개발이나 예산 집행 과정 등에서 많은 왜곡을 낳기 때문이다.

교육과정에서 보자면 양쪽의 학습수준이나 성취목표에서 현저한 차이가 발생하는데, 경제적 복지적 소외계층의 탈학교 청소년들의 경우 학습력이나 선행 지식의 부분이 낮고 자기주도 학습의 체험이 거의 전무한 반면, 반대의 경우 선행학습이나 독서, 홈스쿨링 등 자기주도학습의 경험이 상대적으로 높다. 후자의 아이들의 경우는 배움의 현장을 스스로 설계해서 찾아가는 학습모델을 제시할 수 있으나, 전자의 경우 기초학습 및 학습습관(방법)에 대한 교육이 먼저 선행되는 학습과정이 개발되어야 한다. 또한 국가가 탈학교 학생들에 대한 예산을 편성하는 경우에도 표면적으로 성과나 영향력이 있는 대안학교가 아닌 소외 청소년을 대상으로 한 학교에 더 집중적으로 예산을 배분해야 한다. 출발선의 평등조차 만들어내지 못한다면, 소외된 아동들에 대한 우선적 배려를 배제한다면 세상을 향해 대안교육이 스스로를 대안적이라고 말할 수 있을까.

대안교육은 궁극적으로 사회운동이다. 교육을 바로 세우는 일은 아이들을 행복하게 하는 일이다. 여기서 아이들은 내 아이가 아닌 모든 아이들을 지향해야 한다. 힘겨운 아이들을 껴안는 것은 대안교육에서 선택의 문제가 아니라 본질의 문제이고 자기정체성의 문제이다.

(vol. 60, 2008. 11-12)

대안 그 후,
남아 있는 사람들의 언어 찾기

대안교육 공간에서 인권교육을 하다

연초에 한 대안교육 공간에 찾아가 인권교육을 했다. 나는 교사교육을, 그리고 또 다른 상임활동가인 '날맹'은 학생교육을 맡았다. 학생교육에서는 몸담고 있는 공간을 학생들이 어떻게 느끼고 생각하는지 드러내고 이를 인권의 관점으로 해석하는 것이 목표였다. (여느 학교교육과 크게 다르지 않게) 학생들의 노골적인 혹은 은근한 아우성이 교육 시간을 채웠다고 날맹에게 전해 들었

박민진 _ 인권교육센터 '들', 청소년활동기상청 '활기'에서 '한날'이란 활동명으로
일했고, 현재는 '청소년 자립팸 이상한 나라'에서 함께 지내고 있다.

다. 날맹이 작성한 교육 후기는 신랄했고, 그의 분석에 동의를 표하지 못할 구절은 없었다. 날맹이라는 '(인권의 언어를 갖춘) 번역가' 혹은 '(준비된) 기록자'의 글을 통해 의미를 갖지 못하고 흩어져버리기 쉬운 학생들의 이야기가 뼈와 살을 갖추게 된 것이 다행스럽기도 했다.

그러나 그 글을 읽으면서 내심 난감하기도 했다. 그 난감함은 내가 이미 '교사들의 이야기를 들어버렸다'는 것, 그들의 서사에 대한 '비판적 이해'가 생겼다는 데서 비롯됐다. 말하자면 날맹과 나는 같은 공간에 있는 서로 다른 타자들을 만난 것이고, 그런 만큼 우리가 상상할 수 있는 공간의 서사는 다를 수밖에 없었다. 물론 학생과 교사의 언어는 서로 달랐지만 공통으로 짚어낸 문제의식도 존재했다. 학생들은 온전히 불행하고 교사들은 온전히 행복한 교육 공간이 어디 있으랴. 학생은 학생끼리, 교사는 교사끼리 동일한 인식 지형을 갖고 있다는 전제 역시 위험하다. 학생과 교사 모두 행복[1]을 꿈꾸지만, 어떤 지점에서 불행이 발생하는지 개인·관계·구조 차원의 딜레마를 아울러 살피는 것이 중요하다.

우리가 교육했던 곳이 '대안'적 공간이라 불리는 곳이었기에 고민이 더 복잡해지기도 했다. 인권운동을 하면서도 느끼는 거

---

[1] 모순이 사라진 말끔한 삶은 없다고 생각하기 때문에 (오글거리는 느낌의) '행복'이라는 단어를 잘 쓰지 않는데, '각자가 살고 싶은 모양새로 살 수 있는 상태' 정도로 이해해주시면 좋겠다.

지만, 대안의 가치를 추구하며 운동을 '시작'하는 단계에서는 문제가 오히려 간단하고 분명할 수 있다. 그때의 '문제'는 외부에 있으므로 외부와의 반정립이 내가 하고 있는 운동, 혹은 내가 만든 공간의 정체성이 된다. 그러나 '대안, 그 후'의 시간은 갈수록 힘들고 어려워진다. 그토록 비판했던 외부와 닮아 있는 나(우리)를 발견하는 과정이기도 하고, 하나의 가치로 뭉쳤다고 생각했던 '우리'가 사실은 '우리'가 아니었음을 깨닫게 되기도 한다. 지난한 내부 투쟁이 이어지는 운동 공간들이 많고, 상처가 곪을 대로 곪아 공간이 해체되거나 상처받은 사람들이 떠나는 상황도 종종 발생한다. 주변에서 이를 '집안 싸움'이나 '남의 집 불구경' 취급해서(취급할까봐) 고민을 바깥에 공개하지 못하는 경우도 상당하지 않을까. 결국엔 문제도 있고 진통도 있지만 그냥 하던 대로 하는 쪽을 택할 가능성이 높아진다.

그러나 '대안'은 악이 소멸된 상태, 꿈이 현실이 된 상태가 아니다. 오히려 악이 얼마나 일상적이고 평범하며, 제거할 수 없는 삶의 일부인지를 깨닫는 과정이고, 새로운 사람들과 새로운 시대적 과제에 따라 꿈을 변주하는 과정이다. 대안을 과정의 언어로 이해하는 것은 말이 쉽지, 실천하기가 참 어렵다. 대안을 만들어 가는 과정은 무척 힘들기 때문에 그동안 애써서 만들어놓은 과거에 대한 애착이 강하게 생기고, 그럴수록 흔들리는 것이 두려워진다. 유연함은 우유부단함으로 해석되고, 경직되게 기존의 구조를 유지하는 것은 전통이라는 이름으로 옹호된다.

나는 이를 위험신호로 인식할 수 있게 자극하는 것이 교사교육의 목표라 생각했다. 첫 번째 교육은 교사들 스스로 공간에서 행하는 교육활동을 떠올리며 내적 모순(딜레마)을 발견하는 시간으로, 두 번째 교육은 교육 담당자가 의뢰한 대로 동료 교사들의 관계와 문화를 짚는 내용으로 마련했다. 교육을 진행하면서 교사와 학생들의 공통된 문제의식이기에 현장에서 대안적 교육을 실천하는 데 고민해볼 지점들을 정리하게 되었다.(이 글에는 이번 교육뿐만 아니라 예전에 다른 대안학교에서 교육을 하며 들었던 생각들도 녹아 있음을 밝혀둔다.)

일상의 혼란, 가치의 격돌

많은 대안교육 공간들은 기존의 학교교육에 대한 비판 속에 탄생했다. 획일화된 교육, 가치가 사라진 교육, 경쟁만이 횡행하는 교육 등을 비판하고 자유(자발성), 평화, 사랑, 협력(공동체) 등이 살아 있는 교육을 실천하고자 한다. 그런데 문제는 이 실천의 주체가 누구인가 하는 것이다.

대안적 교육 공간을 꾸려가는 데 학생들이 얼마나 동등한 주체로 서 있는지 자문해보는 것이 중요하다. 공간을 만드는 데 주도적 역할을 하는 건 교사와 부모들일 수밖에 없기 때문에 학생들은 '아이들이 이러한 가치를 품고 성장했으면 좋겠다'는 교사와 부모의 신념 속 대상으로 위치하기 쉽다. 학생들의 형용모순과 같은 증언들 속에 실천을 점검할 수 있는 지점들이 등장한다.

'자발성을 강요받는다' '평화를 목적으로 하는 의식ceremony이 우리에겐 폭력적이다' 등 가치의 주인공이 아닌 가치 실현의 대상이 된 학생들이 (교사나 부모가 올바르다고 여기는) 가치에 질식하는 현상이 벌어진다. 교사나 부모, 그리고 학생 사이에 쉽게 해소될 수 없는 입장 차이를 청소년 인권의 관점에서 깊이 사유하지 않으면, 학생들에게 그 공간은 그토록 비판해 마지않던 '학교'와 그다지 다르지 않게 느껴질 수밖에 없다.

작년에 한 대안학교에서 한 학기 동안 수업을 진행했던 인권활동가가 학생들과의 만남을 회고하며 이런 얘기를 한 적이 있다. 학생들이 자신의 이야기를 그다지 흥미로워하지 않았고, 무슨 이야기를 할지 뻔히 안다는 반응을 보이기도 했으며, 강사가 어떤 대답을 듣길 원하는지 간파해 그 대답을 들려주고는 수업을 빨리 끝내길 기대했다고. 나는 이것이 가치에 질식된 학생들이 취할 수 있는 '영리한' 전략이라는 생각이 들었다.

어쩌면 처음엔 교사나 부모에게 '나는 (당신들이 원하는) 그러한 방식으로 살고 싶지 않다'고 거칠게 선언하는 시간이 있었을지도 모르겠다. 그러나 그 전략이 그다지 쓸모없음을, 도리어 더 촘촘한 강요로 되돌아온다는 것을 깨달은 이들은 더 이상 자신들을 건드릴 수 없도록 '가면 쓰기'의 전략을 택하게 되지 않았을까.

처음 대안적 공간을 만들 당시 올바르다고 생각했던 가치를 무조건적인 '선'의 위치에 두면, 그 가치에 동의하지 않는 존재는 아직 깨우치지 못한 자, 혹은 '우리'가 구축한 선을 방해하는 악으로 설정될 수 있다. 악을 제거하려는 시도, 이를테면 합의되지 않은 가치나 원칙을 규칙으로 만들어 강제하거나, 다수결을 민주주의와 등치시키는 일 등은 악을 닮은 모습으로 실행될 수밖에 없다. 여기서부터 딜레마가 발생하기 시작한다. 그러므로 모두가 동일한 신념과 가치를 가질 수 없다는 것을 인정하고 동일성의 오류로부터 벗어날 때 비로소 일상의 혼란을 제대로 겪을 수 있는 실마리를 발견할 수 있다.

일상의 혼란을 제대로 겪는다는 것은 가치의 격돌을 회피하지 않는 것이다. 대안교육 공간에서 지속적인 논쟁거리가 되는 휴대전화 사용을 예로 들어보자. 공간의 전통과 원칙을 지키려는 이들은 생태적 가치(휴대전화를 만드는 과정에서 발생하는 환경 파괴 등)에서부터 소통의 중요성(휴대전화에만 매몰되어 서로에게 관심을 잃는다 등)을 근거로 휴대전화 사용을 전면 금지하거나 제한하자는 주장을 한다. 그리고 한쪽에선 '사생활과 통신의 자유'를 근거로 들며 규제를 반대하는 이들도 있다. 이때 겉으로 드러나는 쟁점은 '사용(허용) vs 규제'이지만, 이는 잘못 설정된 프레임이다. 겉으로 드러나는 이 쟁점 아래에는 소통, 공동체, 자유를 둘러싼 수

많은 가치의 격돌이 숨어 있는 것이다. 이 '좋은 말'들을 누가, 어떻게 풀어내느냐에 따라 가치의 의미가 너무도 달라진다.

가치에 대한 이견은 이번 인권교육에서 교사들 사이에서도 확연히 드러났다. 교사들과 '공동체'라는 가치 낱말에 대해 논의하며, 다른 사람들이 이 말을 쓸 때 갸웃거려지는 상황을 적어보라고 했다. '개인의 특성을 인정해주지 않을 때' '교사 공동체라고 하지만 마음을 나누고 있을까. 실체가 없게 느껴진다' '공동체라서… 연대책임을 진다' '모두가 동의해야 한다고 생각할 때' '관심 없는데 있는 척해야 하는 상황' 등을 적었다. '가치에 대한 이견'은 '교육활동에 대한 이견'과 연결되기도 한다. 공간에서 이루어지는 교육활동 중 '대안적인 실천이라 생각하는 것. 딜레마를 느끼지만 어쩔 수 없이 하고 있는 실천 / 사라져야 할 실천'을 구분해서 적어보게 했을 때, 같은 실천이 서로 다른 카테고리에 놓여 있는 것을 보며 교사들은 서로 놀라기도 했다. '우리' 안의 차이를 확인하는 순간이었다.

이렇듯 가치에 대한 총체적 점검이 이루어지 않을 때, 가치는 형식화된 도덕으로 변질된다. '(나는 원하지 않지만) 공동체 생활에서는 어쩔 수 없이 지켜야 하는 것이 있다'는 학생들의 체념 섞인 발언이 묵직하게 다가온다. 가치의 점검을 통해 인식을 공유하는 사람들을 넓혀가는 과정 자체에 의미를 둘 수 있는 관계와 제도를 어떻게 만들 수 있을지 나 역시 고민하게 된다.

'말발(말빨)'의 감옥

대안교육은 기존 학교에 비해 좀더 민주적인 제도를 채택하고 있다. 학생, 교사 등 공간의 구성원이 발언할 수 있는 더 많은 절차와 통로들을 확보하고 있고, 이를 반영해 운영하려 노력한다.

그러나 절차와 통로가 열려 있다고 해서 곧장 민주성을 보장하진 못한다. 자신의 이야기를 논리적으로 세련되게 표현할 수 없는 이들은 공론장에서 큰 힘(정치)을 발휘하기 어렵다. 더욱이 다수가 채택하고 있는 '가치의 논리'와 다른 견해를 제시하는 이들은 줄곧 소수의 자리에 위치하기 쉽다. 이를 이해하기 위해 인권의 언어를 벼리는 것이 얼마나 어려운지, 그 한 마디를 '발명'하기 위해 '힘 없는 자들' '말 없는 자들'이 무수한 싸움을 거쳐온 과정이 인권의 역사임을 상기시켜도 좋을 것이다. 실질적 변화에 영향을 미칠 수 있는 자원과 발언력의 차이를 인정하지 않고서 '자리가 열렸는데, 왜 말이 없느냐'거나, '논리적으로 설득해보라'고 말하는 것은 잔인하다.

'의견을 내도 소용이 없다' '결국 선생님들의 의견 위주로 결정된다' '(후배로서) 선배들이 의견을 강하게 내면 더 이야기하기 어렵다' '마음에 안 드는 규칙이 있지만, 그 규칙을 바꾸기 위해 해야 하는 장시간의 형식적 회의가 싫어서 의견을 내지 않게 된다' 등 학생들의 말은 무기력과 자기 검열, 민주주의에 대한 냉소의 연결성을 보여준다. 학생들은 공간에서 살아남을 수 있는 주요 자원으로 '말발'을 꼽았는데, 이에 대한 보다 자세한 맥락은 아래 날맹의 후기 중 일부로 대신하고자 한다.

학생들이 "의견을 내봐야 소용없다"는 마음을 갖게 된 맥락을 더 짚어보고 싶었다. 자신들이 그린 '서열 피라미드'에도 표현을 했지만, 학생들은 설령 바꾸고 싶은 게 있더라도 회의 자리에서 교사들을 이길 수 있는 '말발'이 없다고 판단하고 있었다. 표면상 절차는 매우 민주적인 것 같은데, 결국 결정은 '말발 있는' 교사의 의견대로 이루어지는 모습을 보면서 학생들은 '어차피 안 바뀔 거'란 생각을 갖게 된 것이다.

'말발' 얘기를 들으며 난 사실 좀 뜨끔했다. '세련된 언어'로 포장되지 못한 주장이나 논리는 '구성원 모두가 동등한 발언권과 의사결정권을 가진 민주적 회의'에서 다른 '세련된' 주장 앞에 깨갱하기 쉽다는 이야기를 학생들은 '말발'이란 단어로 표현한 것이었다. (…) 교사들에게 면전에서든 회의에서든 따박따박 되받아친다는 게 말처럼 쉬운 일이 아니다. 면전에서 '감정적이지 않은 이성적 언어'로 자기주장을 바로 할 수 있는 상태로 매번 대기하고 있는 것도 아니고, 그렇다고 시간이 지나 다른 자리에서 '이미 끝난 일 가지고 문제제기하는 쪼잔한 인간'으로 보이지 않으면서 문제제기를 하는 것도 여간 어려운 일이 아니다. 그렇기에 갈등 상황을 폭력이 아닌

말로서 풀어나간다는 일반적 원칙도 중요하지만, 그 '말의 정치' 속에 그 집단이 지향하는 바에 부합하는 방식으로 언어를 구사할 수 있는 집단이 합법적으로 권력을 가질 수 있다는 것도 기억할 필요가 있다. '말의 감옥'에 갇혀 누군가의 말은 발화조차 되지 못하고 공동체 바깥에서 떠돌고 있진 않은지 살펴보자는 것이다.

학생들이 교사들 특히 '말발 센' 교사들에 대해 갖는 감정은 양가적이기도 했다. 그걸 확인한 것은 '말발'에 밀려 자신들의 주장을 관철하지 못할 때 부당하다고 느끼지만 동시에 한편으론 자신들도 그렇게 논리정연하게 말하고 싶다고 말했을 때였다. 비폭력의 가치가 '말의 감옥'이 되어버렸을 때, 자신도 똑같이 '말발'을 키우는 것을 우선 목표로 하기보단 그 부당한 구조 자체를 해체할 수 있는 방법을 모색하는 것이 비폭력의 정신에 가까울 것이다.

학생교육뿐만 아니라 교사교육에서도 '말발'에 대한 이야기가 많이 등장했다. 특히 경력이 오래되지 않은 교사들의 경우 지적받는 게 두려워 발언을 멈추거나, '결국은 내가 미숙해서 벌어지는 일이니 내가 극복해야 하는 일'이라 느낀 경험을 갖고 있었다. 교사들 역시 반복되는 '장시간 회의'가 문제라고 짚었다. 회의가 필요하다는 것은 알지만, 회의에서 재미와 의미를 느끼지 못하는 교사들이 상당수였다. "재미있는 회의가 가능할까요?" 물었을 때, "그랬던 적이 있다. 서로 생각을 주고받고 있다는 느낌을 받왔던 때가 있었다"고 말하는 교사의 이야기를 받아서 '회의가 즐겁기 위한 조건'에 대해 대화하기도 했다. 결국 핵심은 동료성의 구축이었다.

현재에 안주하지 않고 대안을 계속 만들어가는 것은 지치고 힘든 과정이다. 그럴 때 내 옆에 있는 동료에게 기대거나, 동료를 믿고 책임을 공유할 수 있다면 용기 내어 질척이는 발걸음을 한 발짝 뗄 수 있다. 이 '동료성'이 교사-학생 사이까지 확장되길 기대하는 건 너무 큰 바람일까.

'말발의 감옥'은 서로가 서로를 방어해야만 하는 관계일 때 더욱 굳건히 선다. 정말 대안적 공간과 세계를 꿈꾼다면, '말발'이 세다고 해서 승자라고 볼 수도 없다. 대안은 홀로 구축할 수 있는 것이 아니기 때문이다. 이 일을 그만두고 싶은 순간을 적어달라고 했을 때, 절반 정도의 교사들이 '외롭다고(혼자라고) 느낄 때, 사람이 그리울 때'라고 했다. '나라는 존재가 걸림돌로 느껴질 때'라고 쓰인 쪽지를 받아들었을 때는 잠시 잠깐 나 역시 울컥하기도 했다.

'남아 있는' 사람들의 언어

오랫동안 이 공간에 머문 교사들의 경우, 공간에 대한 애착과 자기동일시가 더 강하게 느껴졌다. 그만큼 무한 책임을 느끼며 실제로 자기 시간의 대부분을 공간에 대한 헌신으로 채워온 것 같았고, '예전만큼' 공간에 애정을 갖지 않는 신규 교사들을 조금은 답답하게 혹은 안타깝게 느끼고 있는 듯했다. 반면, 새롭게 진입한 교사들은 이러한 교사들이 부담스럽게 느껴질 터였다. 공간을 '사유화'한다고 느낄지도 모를 일이다. 표면적으로는 경력교사와 신입교사 사이의 갈등처럼도 보이지만, 그것이 본질은 아닐 것이다. '무엇이 우리 모두를 외롭게 만들고 있는가.' 이것을 사유할 수 있는 언어를 이 공간을 떠나지 않고 '남아 있는' 분들이 갖추게 되길 바랐다.

이건 내 고민과도 이어진다. 요즘 나는 '남아 있는' 사람들에 대한 생각을 많이 한다. 인권운동 단체에서 활동 연차가 쌓여가고 있기 때문일까. 나 또한 때때로 지쳐 그만두고 싶다가도, 이곳에 남아 있는 이유를 곱씹어 떠올려보게 된다. '남아 있다'는 건 구태의연함을 상징하는 것 같기도 하지만, '남아 있는' 사람이 있어야 '그 후'가 가능하다. 남아서 실천을 하든, 목격을 하든, 잘 정리를 하든. 새로운 것에 떠밀려 사라지는 존재가 아니라, 남아서 자신의 몫을 해내고, 자기가 발 딛고 있는 곳의 밑바닥을 직시할 줄 아는 그런 사람. 그래서 변화할 줄 아는 사람. 그 사람들의 언어는 어떻게 만들 수 있을까.

오늘도 내가 만났던 교사들의 하루는 바쁘고 빠르게 지나갔을 것이다. 그러나 사유와 성찰의 언어는 '잠시 멈춤'의 시간에 불현

듯 찾아온다. 너무 익숙해서 내 몸 같아진 조직·공간일수록 일부러 거리를 둬야만 보이는 것들이 있다. 방향을 잃은 발걸음에 새로운 질문을 던지며 처음 대안을 꿈꿨던 그때처럼 자신이 가고 있는 길을 동료들과 함께 살필 수 있는 시간의 틈새가 그 '남아 있는' 사람들에게 열리길 조심스럽게 기대해본다.

(vol. 102, 2015. 11-12)

대안교육 현장의 교육철학

교육에서 철학이란 무엇인가

우리나라 대안교육운동은 1990년대 중반 강퍅한 공교육 체제로부터 자연발생적으로 튕겨 나오면서 시작되었다. 대안교육운동이 그간 안정적으로 지속될 수 있었던 것은 대안교육 진영이 제도 밖 교육실천에 막중한 의미를 부여할 정신적 힘을 갖추고 있었기 때문이다.

체제를 벗어나 야생의 자유로움을 만끽하며 새로운 교육의 꿈에 부풀어 있던 대안교육운동 초기 시절을 떠올려볼 때, 지금은

이병곤 _ 제천간디학교 교장. 광명시평생학습원 원장을 역임했고, 경기도교육연구원에서도 일했다. 『넘나들며 배우기』를 우리말로 옮겼다.

어떤 비전을 가지고 있는가? 각자의 가슴에 부푼 희망은 있는가? 있다면 무엇이고, 없다면 왜 그럴까? 앞으로 있어야 한다면 그것은 무엇이어야 하는가? 향후 대안교육운동 20년을 내다보는 시점에서 가장 먼저 수행할 작업이 있다면 그것은 위의 질문에 정직하고 진지하게 응답하려는 시도이다. 나는 그것을 '대안적 교육철학 다시 바라보기'라 부르고 싶다.

사람을 교육하는 과업에는 반드시 '가치'가 개입한다. 지식이나 이해를 통해 다음 세대들의 마음 상태를 발전시키는 일이 교육이기 때문이다. 스피노자는 '생각의 성질'을 일컬어 '고집'이라 이름 붙였다. 인간의 발달 과정에서 형성된 '마음 상태'는 그 사람이 드러낼 고유한 생각의 성질을 형성한다. 한번 형성된 그 기질은 그(녀)의 일생에 거쳐 잘 바뀌지 않는다. 교육철학은 해당 교육기관이 표방하는 교육이념을 드러내는 동시에 현장에서 교육이라는 난제를 풀어갈 때 끈질기게 질문하고 답해야 하는 근본원리라 하겠다. 하지만 현장에서 매일 쫓기듯 살다 보면 우리는 중요한 방향키를 잊고 지내는 경우가 흔하다.

지난 20년간 대안학교는 제도권 '곁'과 '밖'에서 '대안적 교육'을 통해 주류 교육제도의 부족한 지점을 극복하면서 새로운 교육의 가능성을 열었다. 열악한 환경에서 적지 않은 교육비를 부담해야 함에도 대안학교를 선택하는 학생과 부모의 수가 급격히 늘었던 현상은 '새로운 교육이념을 실현하기 위한 다양한 실험' 속에서 학생의 올바른 성장이 가능하다는 희망을 보여주었음을 상징한다. 이제 대안교육의 새 지평을 열어야 하는 시기를 맞이하고 있다. 이를 위해서는 지난 20년간 대안교육을 지탱해왔던 교육철학에는 어떤 것이 있었는지를 먼저 살펴보는 것이 바람직한 순서일 것이다.

대안학교 현장에서의 교육철학 - 키워드 중심

지난 20년간 대안학교 현장에서는 어떤 교육철학을 견지해왔으며, 그것을 어떻게 실현해왔을까. 2018년 2월 현재 대안교육연대 홈페이지(www.psae.or.kr)에 수록된 비인가 초중고 대안학교들의 홈페이지나 카페를 찾아서 교육이념, 교육철학, 교육목적 항목들을 살폈다. 그리고 교육철학을 내포한 것으로 해석되는 키워드의 출현 빈도를 분석해보았다.

다음 표는 대안교육 현장이 갖고 있는 교육철학 분야에서의 경향성을 들여다보기 위해 키워드 중심으로 분류한 것이다.[1] 주로 비인가 대안학교를 중심으로 한 분석이라 제도권 내의 공립대

---

[1] 키워드의 빈도 체크는 학교별로 일정한 숫자를 고정하여 부여하지 않았다. 각 학교의 교육철학 관련 문서들은 분량과 형식이 매우 다양하기 때문에 정량 분석을 정확하게 할 수 없었으며, 문서상의 내용을 독해하며 중요도에 따라 자의적으로 판단하여 부여한 것임에 유의해야 한다.

전체 학교 수	분석 대상	제외 대상*	파악이 어려운 곳
57	40	13	4

생태, 환경 생명, 자연	관계, 대화 소통, 협력	돌봄, 배려 존중, 존엄	자유, 자율	생활 문화기술 소박한 삶
16	11	10	10	10

학습 즐기기 배움의 기쁨	자아 정체성 자기 존중	통합, 통전 전인, 조화	자치, 자립	사랑, 우정 공감, 신뢰
10	9	9	8	7

공동체성	평화, 통일	마을, 지역	직접 체험 경험, 여행	영성, 깨달음
7	7	7	7	6

자기 주도성 자발성	건강 바른 먹을거리	인류애, 차이 다양성, 편견	민주적 삶 사회적 실천	예술표현 창조
6	5	4	4	4

재능, 꿈 진로	행복	용기	지혜 고전 읽기	가치 감수성
4	4	3	3	3

낮은 삶 · 느림, 개성 · 특성, 즐거움, 가정과 협력	생명 본성, 글로벌리즘, 나눔, 대안적 삶, 타문화 존중
항목별 2회	항목별 1회

교육철학 문서에 나타난 키워드 빈도 분포 (교육철학이 분명하거나 공통된 특징이 있는 발도르프학교 6곳, 꽃피는학교 4곳, 간디학교 3곳은 제외했다.)

안학교, 공동육아, 위탁 교육기관이나 홈스쿨링 가정이 표방하고 있는 대안적 이념들까지는 파악할 수 없었지만, 교육철학에 대한 기술이 정교하게 이뤄진 곳도 있고, 그와 반대로 몇 가지 항목만으로 단순 나열한 곳도 있었다.

대안학교들이 교육의 지향점에 대해 공통된 입장을 하나로 모아온 적은 없었으나 개별 교육운동가들이나 학교 현장이 무엇을 우리 사회의 대안으로 바라보고 있는지, 그 일반적 경향성을 리트머스 시험지처럼 위의 표가 간략히 드러낸다고 볼 수 있겠다.

분석과 해석 – '교육을 철학하기'

앞의 표에 따르면 한국의 비인가 대안학교는 생태, 환경, 자연 존중을 교육철학으로 가장 많이 표방하고 있으며, 민주적인 학교 만들기 역시 그에 버금가는 교육목표임을 알 수 있다. 앎과 삶을 일치시키기 위한 교육과정 운영, 교육 3주체 사이의 소통과 협력이 그 뒤를 따른다. 일반적 인식에서 크게 벗어나지 않는 결과이지만 몇 가지 더 생각해볼 지점이 있다.

(1) 비인가 대안학교가 가장 많이 언급하고 있는 교육철학은 생태와 환경, 생명, 자연에 대한 존중이다. 이런 특성이 20년 전 학교 형태의 대안교육이 촉발되었던 시점에서부터 비롯된 것인

지, 아니면 대안교육운동이 발전하는 과정에서 이 주제가 후속 학교설립자들의 의식에 더 큰 반향을 일으켰던 것인지는 좀더 조사해볼 필요가 있다. 사실 '지속가능한 발전'이라는 테마는 유네스코를 비롯한 국제기구가 강조해온 분야이며, 최근 공교육에서도 관심을 더 높여가고 있는 영역이다. 대안교육의 대안성을 높이려면 생태 환경 분야에 있어 유의미한 교육실천, 방법, 학교문화의 자연스런 변화 등에 걸쳐 혁신적이고 획기적인 결과물을 제시할 필요가 있다.

(2) 자유, 자율, 자치, 자립, 민주적 삶, 사회적 실천으로 분류한 가치들의 빈도수를 '민주적 학교' 항목으로 묶어서 헤아리면 22번으로 환경, 생명 분야보다 더 높다. 대안학교는 민주주의학교를 분명하게 지향한다. 식구총회, 학생자치회, 자율성을 인정하는 교육과정 운영 등에서 이러한 특성이 도드라진다. 그럼에도 실천 현장에서는 더 들여다보아야 할 장면들이 있다. 민주적 제도를 잘 활용하는 '부드러운 독재'는 많은 현장에 여전히 존재한다. 교사회의 분열을 극심히 겪는 곳, 학부모회 의견과 교사회의 입장이 충돌하여 빚어지는 갈등, 너무나 고분고분한 듯 여겨지는 학생회, 활력을 잃은 자치활동, 개인의 자유를 짓누르는 공동체의 규약 문제도 상존한다.

(3) 삶을 통한 배움, 자유를 지향하는 교육은 대안학교의 지속적 이념으로 자리 잡고 있었다. 다만 교육전문가들이 궁금해 하는 부분은 삶을 통해 '어떠한 배움'이 일어나며, 그것이 한 아이의 성장에 어떤 영향을 끼치게 되는가 하는 점이다. 자유를 통한 교육 역시 마찬가지이다. 사실 대안학교에서조차 교육을 발생시키도록 하는 '자유'는 무엇을 의미하며, 그런 변화가 일어나도록 하는 환경을 어떻게 조성할 것인지에 대한 명확한 방법론은 뚜렷하게 드러나지 않은 것으로 해석된다.

(4) 대안학교 현장에서 교육 3주체 사이, 특히 학생에 대한 배려와 돌봄, 존중은 아직까지 공교육이 따라오지 못할 만큼 높은 수준을 유지하고 있다. 이것은 작은 규모의 학교, 학부모와의 밀접한 정보 교류와 협력, 교사들의 헌신적 돌봄이 잘 결합된 결과라 여겨진다. 다만 '배움의 기쁨 누리기' 항목에서는 여러 학교들이 표방을 하고 있긴 하나 실제로 얼마나 많은 학생들이 실질적으로 학습을 즐기고 있는지는 면밀한 후속 연구가 필요하다고 여겨진다.

지면 사정상 앞의 표에서 제시한 키워드 전체를 언급할 수는 없지만, 한 가지만 강조하자면 대안학교에서 교육이념이나 교육철학은 그다지 깊이 있게 다뤄지지 못했다는 점이다. 20년간의 대안교육 실천을 돌아볼 때 뼈아픈 지점이기도 하다.

그간 대안교육에서는 학습자의 흥미와 동기에 대해, 학생들의 내면적 무기력을 깨어나도록 하기 위한 교육자로서의 전문성에 대해, 교육 장면에서 학습자 존중이나 존엄성에 대해 가치 있는 통찰이나 축적된 결과들을 만들어냈는가? 전혀 없지는 않을 것이다. 하지만 교실과 학교에서 치러야 하는 바쁜 일상이나 과제 한가운데서 우리들이 몸으로 축적한 빛나는 성찰들을 대부분 놓쳐버렸다. 이렇게 된 연유는 교육철학을 '행하지' 않고, 값진 실천기록을 '축적/분석'하지 않고, 교육이념을 '표방'만 했기 때문은 아닐까?

적어도 앞으로 대안교육 20년을 내다보려면 지금 이 순간부터 자신이 몸 담고 있는 대안교육 현장을 냉철한 시각으로 바라보고, 투명한 언어로 기록해야 하지 않을까? 도약과 전복을 꿈꾸는 교사들이 모여서 새로운 지향점을 가지고 학습하고, 토론해야 하지 않을까? 그것이 진정으로 '교육을 철학하는' 자세가 아닐까 되새겨본다.

생각해보면 그다지 멀지 않은 과거였다. 20년 전 대안교육 1세대들이 모였을 때 그들은 새로운 세상과 교육을 일궈내려는 의욕에 넘쳐 요동치는 심장과 무엇이든 전복적인 일을 벌이고 싶은 맨손만 가지고 있었다.

우리 안의 대안 다시 비춰보기

1990년대에는 대안교육운동 초기의 열정으로 공교육 체제에 균열을 낼 수 있었다. 의식 있는 중산층들이 현대사 최초로 공교육을 거부하면서 자녀들을 데리고 뛰쳐나왔다. 대안교육이 앞으로도 우리 사회에 그런 충격파를 던질 수 있을까? 가능성은 희박해 보인다. 2020년을 바라보는 지금, 대안적 이념의 제도화를 꿈꿔야 온당한지 아니면 그동안 미처 돌아보지 못했던 다른 대안을 더 모색해야 하는지 분명하지 않다.

그럼에도 또 다른 가능성의 언어를 찾고 싶었다. '대안'이라는 단어는 가치중립적이다. 정치적으로 보수나 진보 어느 쪽에서도 현재에 불충분한 어떤 이념을 자신들의 '대안'으로 삼아서 어린이 청소년을 교육하려 한다면 그것을 막을 권리가 없다. 나는 대안교육에서의 '대안'을 새로운 사회를 꿈꾸며, 그런 사회를 만드는 데 합당한 일련의 교육적 실천이라 바라본다. 그렇다면 나는 어떤 '대안적 사회'를 꿈꾸는가?

오늘날 포스트모던 한국사회는 어떤 사회공동체를 만들 것인가에 대한 논의가 부족하다. 신자유주의 세계 질서가 고스란히 우리 사회의 결을 형성하고, 습속을 이루고, 만인의 내면을 지배하고 있는 이 시대라는 바위를 '몇 사람의 꿈'이라는 달걀로 어떻게 내리치겠는가. 그 와중에 미네소타 세인트 토마스 대학에서 연구하고 있는 조시화 교수의 저서 『비판적 페다고지는 세상을 변화시킬 수 있는가?』를 만났다. 특히 5~6장 부분이 흥미로웠는데 다음에 제시하는 다섯 가지 항목은 '대안적 사회'를 꿈꾸는 사람들이라면 생각해봄직한 주제를 포함한다. 대부분 세계화 이후의 문제를 다루는 것이라 큼직한 담론, 즉 '거대서사'여서 일부 독자들에게는 낯설게 여겨질 수도 있다.

1) 유토피아주의

유토피아주의는 '아무런 대안 없다(TINA)'[2]는 입장에 강렬한 저항의식을 드러낸다. 우리가 도저히 벗어날 수 없을 것으로 규정하는 신자유주의 세상 바깥으로 과감히 나가보기를 꿈꾼다. 현대 자본주의가 보여주는 사회-경제적 질서 안에서만 상상하는 태도와 심성을 초월하고자 한다. 그렇게 함으로써 미래를 위한 가능성을 설명하는 방법들을 찾아야 하기 때문이다. 대표적인 유토피아주의 가운데 하나는 '아나키즘'이다. 국가의 역할을 최소화하고 개인과 공동체의 자발적 연대를 통해 삶의 공간을 새롭게 창출하자는 흐름이다. 앞서 제시한 키워드들 가운데 자치, 민주적 삶, 마을, 국제적 연대 같은 문제의식들이 유토피아주의와 만날 수 있는 통로가 된다.

---

[2] There Is No Alternatives. 1980년대 영국 보수당 총리 마거릿 대처의 발언

2) 휴머니즘

휴머니즘은 혁신적이거나 전복적인 주장을 담지 않은 듯하다. 이 입장은 이미 현대성이 출현했던 1900년대 초반부터 도구주의와 물신화, 비인간화에 대한 저항을 시작했던 터이다. 우리가 사는 이 시대는 근대 자본주의 시기부터 내재했던 생활양식상의 근원적 문제들을 그대로 끌어안고 있다. 교육 분야에서는 공교육 제도마저 시장화의 물결을 그대로 반영한다. 바우처 제도, 학교 선택제, 고부담 시험, 학교를 운영하는 회사의 출현 등이 그것이다. 이런 배경을 고려할 때 휴머니즘에 입각한 교육학, 특히 넬 나딩스가 주창했던 돌봄과 배려의 교육학에 눈길이 간다. 파울라 올맨Paula Allman이라는 학자는 '인간화 프로젝트'를 천명한다.3 그것은 사회적 존재로서의 인간이 지닌 잠재성을 완전하게 실현하는 세상을 창조하는 것이다. 올맨은 이 같은 혁명적 사회변혁을 위한 비판적 교육의 원리와 목적을 제시한다.

3) 지역주의

로컬리즘Localism이란 용어를 '지역주의'라는 말로 옮겨놓으니 상당히 부정적으로 들리지만 이 맥락에서 사용한 지역주의는 세

---

3 Paula Allman(2001), Critical Education Against Global Capitalism: Karl Marx and Revolutionary Critical Education, Greenwood Pubilshing, p.183

계화에 대응하는 개념으로서 '지방중심주의'라는 긍정적 측면을
내포한다. 모두가 알고 있듯이 지금 국제무대는 세계적 차원에서
지배와 착취 구조가 더 굳어져가는 추세이다. 동시에 세계 문화
는 빠른 속도로 동질화하고 있다.

그루에너왈드Gruenewald와 스미스Smith는 '장소기반교육place-
based education'을 앞세운다.[4] 여기서 말하는 '장소'란 학생들이 살
아가는 지역사회를 의미한다. 교육은 지역공동체적 삶을 유지하
는 데 부합해야 하고, 그와 관련된 교육과정을 구상하고 변화시
키는 일에 더 깊은 연관성을 가져야 한다. 장소기반교육은 '교육
의 과정, 문화화, 인간 발달을 공동체 생활의 행복/복리와 다시
연계'시킨다. 이를 통해 학생들이 지역사회의 책임 있는 일원으
로 성장할 수 있도록 지식과 행동 유형으로 안내한다. 앞의 키워
드 가운데 마을, 다양성 인정, 차이 존중, 삶의 질, 생태와 환경 등
이 지역주의, 또는 장소기반교육과 그 맥을 같이 하는 것으로 분
류할 수 있겠다.

4) 글로벌주의

직전에 제시한 지역주의와 상반되는 것 같지만 '신자유주의

---

4 David Gruenewald & Gregory Smith(2014), Place-Based Education in the
Global Age: Local Diversity, Psychology Press.

세계화'에 대항하려는 흐름이란 측면에서 보면 동일 목적을 이루기 위한 각기 다른 대응방식 가운데 하나로 이해할 수 있다. 글로벌주의는 반세계화라기보다 대항적 세계화counter globalization에 더 가깝다. 오늘날 세계는 지식, 테크놀로지, 문화가 국가 간에 빠르게 유통되고 순환한다. 이런 점을 감안하여 지역 편협성을 극복하면서 세계시민적 의식과 글로벌 네트워크 구성을 적극 수행하자는 주장이다. 이미 십수 년 전부터 활발하게 이뤄지고 있는 녹색운동이나 생태적 각성 캠페인 같은 초국적 사회운동은 우리에게도 낯설지 않다.

한국의 대안교육 진영에서는 최근 들어 국제민주교육협의회IDEC나 아시아태평양민주교육협의회APDEC 같은 국제적 연대 활동에 참여하는 사람들이 많아졌다. 또한 아시아 여러 나라에서 대안학교, 또는 칼리지 차원의 국제 학교를 직접 설립하면서 국내외 청년 학생들 사이의 교류를 확장하려는 사례도 늘고 있다.

5) 탈식민주의

이 영역에서는 '세계 체제론'과 '마르크스주의 이론'이 강력한 밑바탕을 형성하고 있다. 탈식민주의자들 가운데 일부 세력은 세계화의 중심 문제가 '글로벌 인종주의'에 있음을 선언하면서 유럽 중심적 보편주의에 대항한다. 이들에게는 알제리 민족해방운동가 프란츠 파농의 관점이 대단히 중요하다. 탈인종주의, 또는 탈식민주의적 교육학을 추구하는 그룹들은 민주주의, 인권, 휴머니즘 같은 서구의 근대적 보편주의 원리를 그대로 받아들이지 않는다. 이들은 세계시민적 의식과 '보편적 보편주의'를 재구성하려고 노력한다. 새로운 '비지배적인 휴머니즘' 발견을 과제로 삼는다. '원주민 교육학'이라는 분야가 좋은 사례이다. '원주민적 접근'을 통해서 탈식민주의의 기반을 모색하자는 것이다.

앞서 소개한 다섯 가지의 이론적 지형은 신자유주의 세계화라는 강력한 자성으로부터 벗어나려는 '의식적 발버둥'이다. 탈출하기 힘든 상황을 극복해보려는 이론적 몸부림이라고도 할 수 있다. 대안적 사회에 대한 전망이 반드시 위의 다섯 가지여야 할 근거는 전혀 없다. 대안교육을 이끌어갈 운영 주체에 따라 대안 추구의 방향성은 얼마든지 다양할 수 있기 때문이다. 내가 이 논의를 통해 던지고 싶은 질문은 다음과 같다.

1. 대안학교는 '교육철학'의 의미를 탐색하면서 교육활동을 재조명해왔는가?
2. '교육철학' 실현 과정에서 드러난 유의미한 교육적 성취 또는 발견은 무엇이었나?
3. 새로운 대안적 사회의 이상을 모색하고 있는가? 그것을 일상의 실천과 연계하는가?

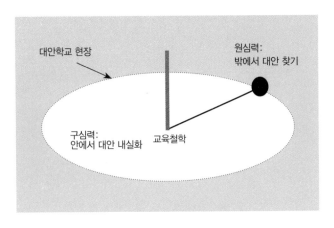

대안교육 현장과 교육철학 개념의 상호작용 개념도

이 세 가지 질문에 성실하게 답하려면 필연적으로 '학교 안의 일상에서 대안 구하기'와 '학교 밖에서 대안적 사회 상상하기'를 동시에 수행해야 한다. 학교는 구심력이 무척 센 조직이다. 내 교실, 우리 교무실에서 즐겁게 학교생활을 해나가는 데도 언제나 부족함을 느낀다. 고민과 갈등의 접점 역시 학교 울타리를 벗어나기 힘들다. 관심사는 늘 그 공간 안에 갇혀버리고 어느덧 새로운 교육의 추구와는 먼 일상적 삶에 짓눌리고, 학교가 표방하고 있는 교육철학이 죽어 있는 언어로 박제된다. 이것이 잠든 교육철학을 일깨워야 하는 이유다.

대안적 사회에 대한 전망을 학교 밖에서 찾으려는 마음의 원심력이 학교 내부에서 완벽을 추구하려는 구심력과 적절한 균형을 맞추면 좋겠다. 불가능하지 않다. 앞서 살펴본 대로 원심력과 구심력 사이에 가교를 이어주는 키워드들이 상당히 많다. 그 언어를 우리 삶 속에서 살아 있게 만드는 것, 그것이 곧 교육철학에 생명을 불어넣는 실천 아닐까.

대안교육 교사는 당대의 시대정신을 함께 호흡하는 지성인이다. 자신의 교육적 행동이 가진 역사적 · 사회적 의미를 스스로 규정하고, 지금은 없는 길을 열어가는 실천가이기도 하다. 이러한 자기 정체성을 갖기 위한 개인적, 집단적 노력을 꾸준히 기울여야 한다.

쉽지 않은 작업일 것이다. 바쁜 일상은 우리 마음을 황폐하게 만들 뿐만 아니라 풍부한 언어생활을 더 어렵게 한다. 언어가 막히면 상상력도 제한된다. 이럴 때는 탐색을 하며 치고 나가는 것이 정답이다. 좋은 책을 곁에 두고, 적은 양이라도 꾸준히 읽어야한다. 그럴 때 읽고 싶은 책들을 책상 옆, 책꽂이, 침대 머리맡에 몇 권씩 늘어놓고 힘겨울 때 손에 닿는 책을 펼쳐서 아무 곳이나읽는다. 내용을 파악하기보다는 새로운 단어들이 던져주는 신선한 기운을 느끼려 한다. 나는 그것을 '가능성의 언어 찾기'라 부르고 싶다.

무감각의 시대를 지나고 있다. 사람들은 웬만해서는 어떤 것에도 놀라지 않으며, 놀라운 사태에도 금방 익숙해져버린다. 그렇더라도 우리는 가능성의 언어를 찾고, 그것으로 우리 시대의 고삐 풀린 탐욕과 일반화된 폭력에 맞서 작은 균열을 내려는 시도라도 해야 한다.

"간단히 말해서 유토피아주의자가 아닌 사람은 다 바보다."**5**

새로운 지평을 찾아서

지난 1월 덴마크의 대안교육 현장과 대안학교 교원양성 칼리지를 돌아보고 왔다. 북구 여러 나라들의 출중한 교육환경과 대안교육에 대한 정부 지원체제는 늘 부러움의 대상이지만, 척박한 땅에서 일궈온 우리나라 대안교육이 새삼 대견해 보이기도 했다. 짧은 시간에 교육할 터전을 마련하고, 여러 사례를 공부하면서 교육과정을 짜고, 박봉에 시달리며 헌신해온 무명의 대안교육 실천가들이 있었기에 가능한 일이라 생각했다. 그들이 우리보다 조금 나은 측면이 있다면 다음과 같은 세 가지가 아닐까 싶었다.

첫 번째는 오랜 세월 실천의 더께가 쌓이면서 '이론적 배경을 갖추고 정교화하기'를 꾸준히 해왔다. 그들에게는 120년 전 이론가이자 실천가였던 그룬트비와 콜 할아버지가 있었다. 대안교육 활동가는 스스로 그런 할아버지, 할머니가 되어 후속하는 대안교

---

5 David Graeber(2004), Fragments of an Anarchist Anthropology, Prickly Paradigm Press, 인용문은 Jonothan Feldman의 발언을 데이비드가 옮긴 말이다.

육 실천가들에게 좋은 나침반을 제공해야 할 운명에 놓여 있다.

두 번째, 자신들의 교육실천을 기록, 분석하고 그것을 토대로 전통과 의식을 만들어가는 힘이 있었다. 신화 들려주기를 통한 덴마크의 민족 전통 이어가기, 아침 식구회의 의식의 견결함, 차분히 토론하며 타인의 말을 경청하는 끈기가 돋보였다. 매일 아침 이뤄지는 30분간의 식구회의는 이야기 → 합창 → 개인의 경험담 듣기 → 합창 → 공지로 이어졌다. 9년간 프리스쿨에 다닌 학생은 1,400번의 식구회의에 참석하는 셈이라고 한 교장 선생이 말해줬다.

또한 그들이 남기고 있는 기록의 힘은 위대하다. 10년 이후를 상상해보라. 기록되지 않은 일은 후배들 입장에서 보자면 아무것도 발생하지 않은 과거나 다름없다. 어쩌면 우리의 새로운 대안은 기록하고 분석하는 노동 속에서 출현할지 모르겠다.

세 번째는 자신들의 교육적 이상을 지원받을 수 있는 제도를 안정적으로 안착시켰다. 그들은 덴마크 국민국가 형성과정에서 '국민'의 '취학의무'를 받아들이기보다 학부모의 '자녀 교육 선택권'을 만들어냈고, 교육받을 권리 차원에서 대안학교도 운영비의 75퍼센트 가량 정부 지원금을 받도록 제도를 만들었다.

나는 이 세 가지 차이점이 '끈질기게 파고드는 힘'에서 비롯되었다고 본다. 동일한 질문을 오랫동안 붙들고 해결책을 만들어낼 때까지 집중하는 자세를 이른다. '우리는 왜 이것을 하지 않고,

저것을 하는가?' 스스로 풍부한 사상적 근거를 마련해야 한다. 인간의 발달과 교육에 대한 다양한 경험적 관찰을 기록하고, 사유하며, 연구해야 한다. 그래야 앞으로 나아갈 든든한 베이스캠프가 마련된다. 대안교육의 존재 가치를 교육적, 법적, 사회적 차원에서 논리적으로 구성하고 입증해야 대안교육의 장점을 제도화하는 데 필요한 동력을 얻는다. 이 일을 수행하려면 눈에 보이지 않는 작용점이 요청되는데 나는 그것을 교육철학에 대한 물음과 실천 현장에서의 구현이라 본다.

대안교육 현장 바깥쪽의 대안을 상상해야 한다. 기존의 실천을 찬찬히 되새김질하면서 새로운 대안을 찾아 나서자. 놀이와 발달은 어떤 관련이 있는지, 인격은 구체적으로 어떻게 형성되는지, 관계의 형성은 마음의 성장과 어떻게 연결되어 있는지, 견딤은 (왜) 교육적으로 의미가 깊은지, 행복감이 교육에 긍정적 영향을 끼치는지, 교과를 통합적으로 가르치면 전인적 인간이 길러지는 것인지, 이제 질문을 하나하나 풀어갈 일이 남았다. 진정한 대안은 그 도전을 정직하게 받아들이는 대안학교들의 태도 한가운데 있을지 모르겠다.

(vol. 116, 2018. 3-4)

탈학교운동, 길은 사이에 있다

이십여 년 전 민들레는 탈학교운동의 기치를 내걸고 '삶이 곧 교육' '세상이 학교'라는 메시지를 발신하기 시작했다. '탈학교'는 서구에서 학교교육에 대한 비판이 거세어지던 1970년대 초이반 일리치가 『탈학교 사회 Deschooling Society』라는 책에서 제시한 개념이다. 'schooling'을 우리말로 좀더 정확하게 옮기자면 '학교화'라고 할 수 있을 것이다. 일리치는 학교를 사물이 아닌 '사건'의 관점에서 보고 'schooling'이라는 동명사를 썼는데, '탈학교'라는 번역어가 이를 너무 단순화시켜버린 아쉬움이 있다.

현병호 _ 격월간 『민들레』 발행인. 『스스로 서서 서로를 살리는 교육』을 썼다.

'deschooling'은 학교가 곧 교육을 보장하고 병원이 건강을 보장하는 듯한 착각을 불러일으키는 근대적 사회제도에 대한 문제 제기였다. 그런데 지난 20여 년 동안 한국사회에서는 탈학교가 학교를 벗어나는 것으로 인식된 면이 없지 않다. 대안교육운동은 학교를 벗어나(free) 자신이 원하는 교육을 할 수 있는 자유(liberal)를 추구해왔다고 할 수 있다. 영어 free가 '탈'의 자유라면, liberal은 '향'의 자유에 가깝다. 대안교육운동에서 아이들은 '프리'를 추구하고 부모들은 '리버럴'을 추구한 셈이다.

하지만 이 자유는 대체로 중산층이 누릴 수 있는 권리였고, 국가주도의 공교육 울타리를 벗어나는 데서 그쳤다. 바로 이 지점이 탈학교운동과 궤를 달리하는 지점이다. '대안교육'운동이 사실상 '대안학교'운동으로 흐른 것은 그만큼 학교체제의 자장이 강했다는 반증이기도 할 것이다.

세계적으로 탈학교운동, 대안교육운동을 추동해온 몇 가지 공통된 원칙이 있다. 아이들의 흥미와 자발성을 우선시하고, 따라서 교육보다 배움을 중요하게 여기며, 배우는 자와 가르치는 자의 경계를 허물고, 교직의 문턱을 없애고, 세상을 학교 삼거나 학교 안팎을 넘나들고, 놀이와 경험의 중요성을 강조하는 것들이다. 이러한 원칙을 지향해오면서 놓친 것은 없는지, 대안 속에 숨은 함정은 없는지 돌아보며 우리가 딛고 선 패러다임을 검토하는 작업을 지난 2년 동안 해왔다. 이 글 역시 그 연장선에 있다.

학교 밖에도 길이 있다?

학교의 교육독점을 깨트리고자 『민들레』 창간호에서는 '학교 밖에도 길이 있다'고 목소리를 높였다. 그런데 이 말에는 전제가 숨어 있다. 그것은 '학교 안에도 길이 있지만'이다. 사실 더 많은 길이 있을 것이다. 학교 안에는 탄탄대로도 있고, 샛길도 많다. 아이들이 모여 있다 보니 예산이 집중될 수밖에 없고, 그만큼 교육자원도 잘 갖추어져 있다. 친구와 어울리기에도 학교 안이 훨씬 수월하다. 축구를 좋아하는 아이는 학교 바깥에서는 공 한 번 차보기도 힘든 것이 현실이다.

어떤 진술 뒤에 숨은 전제에 주의할 필요가 있다. '학교 밖에도 길이 있다'는 진술은 자칫 학교 안에는 길이 없거나, 있어도 갈 만한 길이 아닌 것 같은 인상을 준다. 학교 바깥에서 애써 찾아내야 하는, 또는 개척해야 하는 길이 진짜 길인 것처럼 생각하게 만든다. 대부분의 사람들이 아무 생각 없이(?) 걸어가는 넓은 길은 망하는 길인 듯 생각하게 만드는 뭔가가 있다. 숨은 전제의 위험성이다.

민들레가 초창기에 홈스쿨링을 적극적으로 알린 것은 '교육=학교교육'으로 보는 사회의 통념을 깨트리고 학교를 상대화하는 작업이었다. 당시 울며겨자먹기로 아이를 학교에 보내고 있던 많은 부모들에게 숨통 역할을 했을 것이다. 용감한 부모들 중에는 아이를 설득해 학교에서 빠져나오는 이들도 있었고, 학교 다니기 힘들어하는 아이를 보다 못해 학교 밖을 선택하는 이들도 있었다. 탈학교운동이 시작된 지 이십여 년이 흘렀지만 학교 바깥에서 길을 찾기란 여전히 쉬운 일이 아니다. 학교 바깥에도 많은 교육자원들이 있지만 그것을 제대로 활용하려면 남다른 정보력이 있어야 하고, 남이 가지 않는 길을 가는 용기도 필요하다.

하지만 우리 사회에는 학교 밖으로 나오고 싶어도 나올 수 없거나 본의 아니게 학교 바깥으로 밀려난 아이들이 훨씬 많다. 학교 안에서 시간을 죽이는 아이들, 밖에서 길을 헤매는 아이들에게는 공교육도 대안교육도 별 도움이 되지 못하는 것이 안타까운 현실이다. 최근 들어 정부도 이 아이들에게 조금씩 관심을 보이기 시작했지만 좀 더 긴밀한 민관의 협력이 필요한 지점이다. 길을 찾고 싶어 하지 않은 아이들은 없다고 믿는다면 도움의 손길을 내미는 것은 언제라도 늦지 않을 것이다.

어쩌면 학교 안 또는 밖에 길이 있는 것이 아니라 다만 길을 걷는 사람이 있을 뿐이리라. 대부분은 스스로 길을 걷기보다 제도가 깔아놓은 레일 위를 달려가지만, 길을 여는 수고를 마다하지 않는 이들이 있다. 스스로 학교 밖으로 나온 이들은 더욱 그렇다. 많은 사람들이 '우리가 걸어가면 길이 됩니다'라는 말로 서로를 격려하며 힘든 길을 걸어왔다. 길 없는 길을 가는 이들에게 필요한 것은 차편도 지도도 아닌, 나침반과 길동무일 것이다.

길동무를 만나기에 학교 안과 밖 중에 어디가 더 나은 환경이라고 단언하기는 어렵다. 학교 안에는 많은 사람들과 자원이 있다. 손만 뻗으면 닿는 곳에. 학교 밖에는 더 많은 사람들과 자원이 있지만 손닿기가 쉽지 않다. 엔트로피 법칙처럼 시간이 흐르면서 학교 안팎이 평형 상태에 가까워지겠지만 손 놓고 있다고 저절로 그리 되지는 않는다. 길을 걷는 이들이 늘어나는 만큼, 새로운 길들이 생겨나는 만큼 학교도 세상도 달라질 것이다.

세상이 학교다?

삶과 동떨어진 교육에 대한 문제의식에서 출발한 대안교육은 '삶이 곧 교육이다' 또는 '교육은 만남이다'라고 주장한다. 홈스쿨러들은 '세상을 학교 삼아 배우는 아이들'이라는 표현을 곧잘 쓴다. 서울시학교밖지원센터의 캐치프레이즈는 '서울이 학교다'이다. 삶과 동떨어지지 않은 교육, 살아 있는 교육을 지향하는 셈이다.

서구에서는 근대학교에 대한 비판이 본격적으로 일어나기 시작했던 1970년대 초부터 이런 움직임이 있었다. 미국의 대도시에서는 그 당시 도시의 교육자원을 활용하는 '벽이 없는 학교'들이 공교육 안에 생겨났다.[1] 이러한 시도는 몇 년 가지 못하고 공교육의 관성의 힘에 휩쓸리고 말았지만, 그 문제의식은 죽지 않았다. IT기술혁명이 세상을 바꿔놓던 90년대 중반에 시작된 메트스쿨의 혁신은 그 연장선에서 이루어지고 있다고 볼 수 있다.[2]

학교는 사회의 종속변수다. 교육이 사회를 변화시키기도 하지만 사회가 교육을 변화시키는 힘이 더 크다. 큰 방향은 사회의 변화가 정한다. 표준화된 인적자원을 길러 근대화에 성공한 국가들은 탈근대 시대로 접어들면서 표준화 교육의 한계를 자각하고 창의성을 강조하고 있지만 이 또한 사회(경제)의 요구에 부응하는 것일 따름이다. 국가주도의 교육개혁이 경제의 종속변수가 되는 것은 피할 수 없는 일일 것이다. 그 흐름을 경계하면서 아이들을 살리는 인간중심 교육을 민간이 나서서 펼쳐야 하는 이유가 여기 있다.

교사는 비록 국가공무원 신분이라 할지라도 국가와 기업이 내세우는 가치와 다른 가치를 말할 수 있어야 한다. 경제가 아무리 중요하다 해도 인간이 경제를 위한 도구가 되어서는 안 된다는 것이 인간교육의 본질이다. 그것이 무너지면 사회가 무너진다. 그러므로 사회와 학교는 언제나 긴장관계 속에 있어야 한다. 학교의 담장을 낮추거나 허물어 아이들이 사회와 학교를 넘나들며 배울 수 있는 환경을 만드는 것이 학교교육의 개혁 방향인 것은

---

1 뉴욕의 '시티애즈스쿨(City as School)', 필라델피아의 '파크웨이 프로그램(Parkway Program)' 같은 혁신적인 공립학교들이 생겨났다.(자세한 것은 『민들레』 12호, 14호 참조)
2 『학교를 넘어선 학교, 메트스쿨』 참조

분명하지만 그 경계가 사라져도 곤란하다.

삶과 동떨어지지 않은 교육이 세상의 가치를 그대로 받아들이는 교육을 뜻하는 것은 아니다. 학교와 사회의 경계를 허무는 것은 자칫 배움에 독이 될 수 있다. '이에는 이, 눈에는 눈' 또는 '세상에 공짜는 없다' 같은 세상의 논리가 배움터에 그대로 적용될 경우 아이들은 성장하기 어렵다. 사랑할 줄 아는 사람을 기르고자 한다면 무엇보다 사랑을 주어야 한다. 세상에는 공짜가 없지만 가정에는, 배움터에는 있다. 부모와 선생은 대가를 바라지 않고 거저 나눠준다. 그런 사랑을 받아본 아이는 자라서 또 그런 어른이 된다. 세상이 망하지 않고 이어지는 힘이다.

시장도 좋은 배움터일 수 있지만, 만약 '소비자는 왕'이라는 시장 논리가 배움터에 파고들면 배움은 더 이상 일어나기 어렵다. 자신이 원하는 물건을 가능한 한 적은 값을 치르고 구매하기 원하는 합리적인 소비자 마인드로 학습에 임하는 학생은 더 적은 학습노동으로 더 높은 점수나 졸업장을 따기를 원한다. 오늘날 학교에 만연하는 교실붕괴 현상은 그러한 소비주체로 길러진 세대의 합리적 행동의 결과일지 모른다. 시장과 배움터의 경계가 사라진 셈이다.

우치다 타츠루의 말처럼 어떤 점에서 배움터는 세상과 분리된 온실 같은 곳이어야 할 필요가 있다. 아이들이 제대로 성장하기 위해서는 세상의 논리와 다른 논리가 적용되는 공간, 시장과 다른 원리가 지배하는 공간이 필요하다. 홀로 생존할 수 없이 태어나 유난히 긴 성장기를 거치는 인간의 경우 한동안 온실 같은 공간이 필요하다. 엄마 품이 그러하고 가정이 그렇고 배움터가 그렇다. 아이들은 그런 안전한 공간에서 안심하고 자기 세계를 구축해간다.

학교와 세상이 높은 담장으로 나뉘어 있는 것처럼 보여도 경쟁의 논리가 지배하는 근대학교는 사실상 온실이 아니다. 성적순으로 줄 세워 우열반을 나누고, 명문대 합격 플래카드를 거는 학교는 영업 실적을 막대그래프로 그려 게시하는 보험회사를 닮았다. 세상의 논리에 충실한 학교에서 아이들은 성장하는 것이 아니라 늙는다. 애늙은이가 되는 것이다.

한편 대안학교들은 어떤 면에서 외부와 차단된 온실과 유사하다. 닫힌 온실은 식물 생장에 좋지 않다. 아이들에게 빨간약만 주면서 갈등과 선택의 여지를 없애는 것은 성장에 도움이 되지 않는다. 온실을 잘 관리하는 요령은 낮에는 문을 활짝 열어 바깥 공기를 쐬게 하는 것이다. 세상의 논리에 휘둘리지 않으면서 동시에 세상을 향해 열려 있는 온실을 만들어야 한다.

자유학기제가 확대되고, 체험학습이나 인턴십 제도가 확산되면서 학교와 사회를 가르던 높은 담장이 점점 낮아지고 있다. 하지만 학교 담장이 낮아진다 해서 아이들이 세상 속으로 쉽게 발을 들여놓을 수 있는 것은 아니다. 인턴십을 받아들일 수 있는 일

터도 흔치 않다. 아이들이 학교와 사회를 넘나들며 배울 수 있으려면 노동환경도, 아이들을 대하는 어른들의 태도도 달라져야 한다. 학교 바깥에는 아이들을 도우려는 선한 어른들만 있는 것이 아니므로, 아이들이 자기를 지킬 수 있게 준비시킬 필요도 있다.

누구나 교사가 될 수 있다?

'삶이 곧 교육'이라는 새로운 등식의 전제는 '누구나 교사가 될 수 있다'는 것이다. 아이를 낳고 기르는 일처럼 사회가 유지되기 위해 반드시 필요한 일이라면 그 일은 누구나 할 수 있도록 제도가 설계되기 마련이라는 것이 인류학의 통찰이다. 그런 면에서 근대학교 제도기 지리 잡으면서 생겨난 교사자격증 제도는 인류사적으로 볼 때 매우 특이한 제도다.

하지만 교사를 국가의 대리인으로서 인적자원을 관리하는 행정가로 본다면 그다지 특이한 제도가 아닐 수 있다. 일선 교사는 교육행정의 말단 실무자에 가깝다. 교사들의 오래된 불만 중 하나가 잡무가 많다는 것인데, 사실은 근대학교에서 교사에게 맡겨진 첫 번째 업무는 아이들을 관리하는 일이다.

아이들을 관리하는 틈틈이 기초지식도 전수하는 것이 근대학교에서 교사에게 요구되는 일이었다. 간혹 행정가보다 교사로서의 정체성을 강하게 갖고 있는 '불량' 교사들이 나타나지만, 그들은 학교 시스템의 '버그' 같은 존재로 취급된다. 근대학교 시스템은 버그를 치료하는 강력한 백신을 갖추고 있는데, 다름 아닌 승진제도다. 승진점수는 교사가 되고자 하는 이들을 행정가의 길로 유도하는 강력한 유인제다.

오늘날 교사에게는 행정가, 지식전수자로서의 교사 외에 또 다른 역할이 요구된다. 상담가 또는 멘토로서의 역할이다. 여기에는 커뮤니케이션 능력, 그중에서도 수신 능력이 중요하다. 근대학교는 교사들이 발신만 잘해도 그럭저럭 돌아가게 시스템이 설계되어 있지만 이제는 새로운 교사상이 요구되는 시대다. 적어도 일상적으로 아이들을 만나는 교사는 아이들이 발신하는 신호를 캐치해낼 수 있는 민감한 안테나를 갖추고 있어야 한다. 행정가나 지식전수자 역할만 하는 교사는 앞으로 설 자리가 점점 좁아질 것이다.

'누구나 교사가 될 수 있다'는 신념을 현실에 적용할 때는 세심한 주의가 필요하다. 인간에 대한 이해, 커뮤니케이션 능력, 책임감 등 여러 요소를 고려해야 한다. 대안학교처럼 자격증을 요구하지 않는다 해도 교사는 다음 세대의 교육을 책임지는 막중한 일인 만큼 그 자질에 대한 사회적 기준은 있기 마련이다. 누구나 농사를 지을 수 있지만 제대로 농사를 지으려면 작물의 특성에 대한 지식과 때를 놓치지 않는 노고가 필요하듯이, 교사라면 적어도 아이들의 발달과정과 기질적 차이를 이해하고 있어야 한다.

그리고 무엇보다 교육은 팀플레이라는 사실을 유념해야 한다. 아무리 유능한 교사라 할지라도 혼자서 아이의 성장을 도모할 수는 없다. 아이의 성장에는 세 명의 어른이 필요하다는 것이 인류학의 발견이다. 아버지와 어머니 그리고 삼촌 또는 이모가 적절히 역할 분담을 할 때 아이는 건강하게 자란다는 것이다. 한쪽이 엄하면 다른 한쪽은 자상하거나, 한쪽이 세속적이면 다른 한쪽은 영성을 추구해서 서로 다른 에너지를 불어넣어주는 식이다. 대가족이 해체된 오늘날 삼촌과 이모의 역할을 교사가 대신한다고 볼 수 있다.

그런 역할을 하는 어른이 없을 때 사춘기에 접어든 아이들의 경우 더 어려움을 겪게 된다. 성장한다는 것은 이럴까 저럴까 하는 갈등 상황에서 현명한 판단과 행동을 하는 힘을 기르는 것이다. 주변 어른들로부터 한 가지 메시지만 수신하게 될 때 아이는 제대로 성장하기 힘들다. 그러므로 하나의 이상적인 교사상을 그릴 수는 없다. 아이가 처한 상황에 따라 적합한 교사상이 달라질 것이므로, 배움터에는 다양한 성향의 교사들이 있는 것이 바람직할 것이다.

경험으로 배운다, 삶이 곧 교육이다?

1970년대에 서구에서는 수많은 혁신적인 학교들이 생겨났다 사라졌지만 일반학교는 그다지 달라지지 않았다. 1990년대 초, 미국의 학교교육을 신랄하게 비판한 존 테일러 개토는 "외딴 곳에서 자동차 팬벨트가 끊어지면 망할놈의 피타고라스 정리나 중얼거리면서 얼어죽을 것"이라고 한 청년의 말을 전했다. 혁신이 관성의 힘을 넘어서려면 상당한 에너지가 필요하다. 단지 시간이 흐른다고 되는 일은 아니다.

관성의 힘을 넘어설 수 있는 에너지는 바깥에서 온다. 학교를 변화시키는 힘 또한 학교 안에서 생겨나기보다 밖에서 온다. 세상이 바뀌면서 학교가 변하고 있다. 산업화 시대가 저물고 정보화 시대로 넘어오면서 학교교육 또한 변하지 않을 수 없는 상황에 놓였다. IT혁명이 학교개혁에 에너지를 불어넣고 있다. 표준화 교육으로는 다양화의 시대에 살아남을 수 없다는 절박감이 변화를 강제한다. 공룡 같은 공교육 체제가 시대 변화를 따라가지 못하고 불협화음을 내고 있지만 이제는 시간 문제라고 봐야 한다. 변하지 않으면 도태되기 때문이다.

직각삼각형의 원리를 정리한 '피타고라스의 정리'는 "망할놈의" 정리가 아니라 일찌기 인류가 발견한 우주의 비밀 중 하나다. 그 비밀을 모든 아이들이 알 수 있게 공개한 것이 공교육이지만, 그 공개 방식이 적절치 못한 탓에 저 정리는 "망할놈의" 소리를 듣는 억울한 처지가 되고 말았다. 스푸트니크 쇼크[3] 이후 미국은 본질주의 교육으로 선회하면서 피타고라스 정리 같은 기본 개념과 원리를 아이들 머리에 집어넣기 위해 다시 한 번 무리수를 두었지만, 중도탈락하는 학생들이 급증하면서 70년대 이후 진보주의 교육이 다시금 득세하는 빌미를 제공했을 따름이다.

개념과 원리를 가르치는 방법이 적절치 않았다. 맥락 없이 단편적인 지식을 암기하게 하는 것은 본질주의 교육의 방법론이 얼마나 형편없는 것인지를 말해준다. 개념과 원리의 중요성만 알았지 그것을 어떻게 가르칠 수 있는지에 대해서는 무지했던 셈이다. 근대식 학교의 표준화 교육 시스템의 한계일 수도 있다. 교육의 형식과 내용이 맞지 않았다고도 볼 수 있다.

맥락 없이 나열되는 지식은 개념을 이해하는 데 도움이 되지 않는다. 개념은 맥락 속에서 그 의미가 분명해지기 때문이다. 원리 역시 다양한 맥락 속에서 그 깊은 의미를 드러낸다. 수학의 순한 개념과 원리는 서로 연결되어 있어 한 가지를 제대로 이해하면 다른 개념과 원리를 이해하기가 훨씬 수월하다. 경험주의든 본질주의든 상호작용과 맥락의 중요성을 간과한 결과 실패한 교육이 되고 말았다.

전통적 교육이 교과 지식을 강조했다면 이른바 진보주의 교육은 학습자의 흥미나 자발성을 지나치게 강조한 경향이 있지만, 문제는 교과중심이냐 학습자중심이냐가 아니다. 아이들의 흥미에서 시작해 인류가 이룩한 지적 유산을 전수하는 데까지 나아가야 한다. 흥미를 북돋우면서 아이들이 미처 모르는 세계로 이끄는 것이 교사의 역할이다.

경험주의 교육과 본질주의 교육 사이의 오래된 긴장 관계는 사실 서로의 주장에 대한 오해에서 비롯된 면이 크다. 스푸트니크 쇼크[3] 이후 미국 교육이 본질주의 교육으로 급선회하면서 듀이의 이론을 폐기하다시피 한 것은 경솔하고 어리석은 결정이었다. 환경과의 상호작용 속에서 경험의 재구성을 중요시하는 듀이의 교육론은 개념과 원리를 중시하는 본질주의 교육과 배치되는 이론이 아니다.

1970년대 서구의 프리스쿨운동과 2000년대 한국의 대안교육운동은 아이의 흥미와 특성을 고려하지 않는 교과중심 교육의 폐해에 대한 반작용으로 듀이의 교육론으로 선회했다고 볼 수 있다. 하지만 아동중심, 학습자중심에서 더 나아가지는 못했다. 개념과 원리를 이해하고 연역식으로 사고하는 훈련은 인지교육의 핵심이다. 수학과 과학은 연역식 사고에 기초해 있다. 언어 역시 연역식으로 학습된다(학교의 외국어 학습이 실패하는 까닭은 귀납식으로 접근하기 때문이다).

연역식 사고를 돕는 인지교육에 서툰 것은 공교육도 대안교육

---

3 1957년 소련이 세계 최초로 우주선 스푸트니크호를 쏘아올리자 미국 사회는 엄청난 쇼크를 받았다. 과학기술에서 소련에 뒤처진 원인을 교육에서 찾으면서 학습자 중심의 진보주의 교육에서 기초학문을 중시하는 본질주의 교육으로 급선회하는 계기가 되었다. 과학교육 예산을 5배로 늘리고, 공교육에서 진화론을 가르치기 시작한 것도 이때부터다.

도 마찬가지이다. '해봄으로써 배운다(learning by doing)'는 듀이의 교육철학 영향을 받아 체험학습을 강조하지만, 대개는 '한번 해보는' 것에 그치고 만다. 맛보기 식의 경험으로는 깊은 체험도 어려울 뿐더러 인식의 영역으로까지 나아가기란 불가능하다. 키노쿠니 아이들이 산비탈에 미끄럼틀을 설치하고 공무점을 지어 실제로 활용하는 것처럼 실전에서 제대로 해보는 것이 중요하다. 그 속에서 피타고라스 정리도 익힐 수 있으면 금상첨화다.

존 듀이는 교육의 역할을 무엇보다 시민을 기르는 일, 곧 사람들로 하여금 공동체가 추구하는 가치 체계를 형성하는 데 참여할 수 있도록 돕는 일이라고 보았다. 민주주의에 대한 믿음은 인간의 지성과 공동체의 협동적 경험이 만들어내는 시너지 효과에 대한 믿음이기도 하다. 듀이에게 있어 좋은 조직은 민주적 조직이며, 그것은 곧 교육적 조직, 다시 말해 구성원 모두가 성장하는 조직이다. 민주주의 교육은 결국 팀플레이를 할 줄 아는 지성인을 기르는 것이라고 할 수 있다.

인류의 지적 유산을 전수하는 일 못지않게 중요한 교육의 역할은 이러한 팀플레이를 훈련하는 일이다. 태곳적부터 인간이 하는 거의 모든 활동은 팀플레이로 이루어져왔다. 사냥도 육아도 팀플레이다. 학문도 스승과 제자, 동료들 사이의 교류와 협력 속에서 이루어진다. 인류가 이룩한 모든 진보는 협력과 상호작용의 결과다. 집단지성의 산물인 셈이다. 어떤 의미에서는 협동 능력,

의사소통 기술이야말로 인류의 중요한 지적 유산이다.

현대의 과학기술은 개인의 힘으로는 접근조차 힘든 것들이 많다. 국가 단위를 넘어선 프로젝트들이 추진되고 있다. 생판 모르는 사람들끼리 공동의 목표를 위해 팀을 이룰 수 있는 그 자체가 대단한 능력이다. 오늘날 인류는 시공간의 제약을 넘어 하나의 거대한 집단지성을 형성하고 있다. 수천 년에 걸친 인류의 지적 생산물이 디지털 자료로 집적되어 누구나 접근할 수 있게 바뀌고 있다. 구글북, 구글문화예술 같은 사이트[4]는 인류의 문화유산에 누구나 쉽게 접근할 수 있게 한다. 인공지능 번역기의 발달로 언어의 장벽도 점점 낮아지고 있다.

교육은 시민의식을 일깨우고 더 나아가 자신이 인류의 일원임을 자각할 수 있게 도와야 한다. 인류의 자산을 상속받아 다음 세대에 전할 수 있게 해야 한다.

길은 사이에 있다

학교 밖에도 길이 있다, 세상을 학교 삼아 삶에서 배우고, 경험으로 배운다, 누구나 선생이 될 수 있다. 이 주장들은 사실 새삼스럽다. 배우는 능력은 곧 생존 능력이다. 모든 인간은 언제 어디서

---

[4] www.books.google.com, www.artandculture.google.com

나, 누구에게 나 배우기 마련이다. 그러므로 저 주장들은 당연한 사실을 되풀이한 것에 지나지 않는 것일 수 있다. 다만 어떤 진술 앞에는 전제가 있다는 사실을 놓쳐서는 안 된다. 전제를 숨긴 진술은 진실을 왜곡할 우려가 있기 때문이다.

지난 20여 년 대안교육운동은 치열하고 헌신적이었지만 열정이 앞서서 미처 보지 못하고 놓친 부분들이 있다. 부모와 아이들을 선별한 것은 초기에 학교를 안정시키기 위한 손쉬운 방법이긴 했지만 교육적인 관점에서는 그다지 바람직하지 않은 일이었다. 대안학교 아이들이 친구네 집에 가보면 책장에 꽂힌 책들이 비슷비슷하다는 얘기를 한다. 경제적, 문화적 환경이 비슷한 이들끼리 모이면 그만큼 교육생태계가 단조로워진다. 교사들까지 비슷한 이들이 모여 있다면 더욱 그렇다. 빨간약, 파란약 이야기가 괜히 나온 게 아니다.

중요한 것은 어떤 맥락을 만들어내느냐 하는 것이다. 길은 사이에 있다. 빨강과 파랑의 사이, 이곳과 저곳의 사이, 이 사람과 저 사람의 사이, 나와 세상 사이에 보이지 않는 길이 있다. 그 길을 찾아서 연결할 줄 아는 것이 배움이고 삶이다. 공부는 이것과 저것이 어떻게 연결되는지를 아는 것이다. 사실 모든 공부는 '사이'를 보는 것이라고 할 수 있다. 의미가 행간 속에 있듯이, 진짜 정보는 사이에 있기 때문이다. 사이를 보면 맥락이 보인다. 자연세계의 맥락을 이해하는 학문이 자연과학이라면 인문사회과학은 인간과 사회의 맥락을 이해하는 학문이다.

맥락과 사이에 눈뜨게 도와주는 것이 교육의 역할이다. 인맥은 사람과 사람 사이에 난 길이다. 그 길은 좁아졌다 넓어졌다, 이쪽으로 이어지다 저쪽으로 이어지기도 하면서 끊임없이 변한다. 바둑처럼 돌이 하나 놓일 때마다 전체 판이 변화하는 것이 맥락의 세계다. 모든 인간사회는 인맥을 만드는 다양한 장치를 갖추고 있다. 출석만 잘해도 최소한의 인맥이 만들어지는 학교는 근대가 만들어낸 상당히 효율적인 장치다. 한편 학교 밖은 인맥을 만들기가 쉽지 않지만 잘하면 훨씬 풍부하고 질 높은 인맥을 형성할 수도 있다.

세상이 네트워크로 이루어져 있음을 점점 더 실감하게 되는 세상이다. 네트워크의 본질은 사이, 곧 관계다. 사이에서 일어나는 상호작용과 커뮤니케이션이 세상을 만들어간다. 현대 물리학은 자연세계 역시 그런 원리로 작동한다고 말한다. 생명의 진화도 그렇게 일어난다. 우리 모두는 관계가 만들어내는 존재인 셈이다. 탈학교 정신은 자유로운 교육을 추구하는 것이라기보다 관계 속의 존재로서 자신을 자각하는 것이기도 하다. 세상을 움직이는 관계의 법칙을 이해함으로써 자신을 이해할 수도 있게 된다. 이것이 세상을 배움터로 삼는다는 말의 진정한 의미이기도 할 것이다.

(vol. 120, 2018. 11-12)

대안교육 제도화의 흐름과 방향

대안학교를 바라보는 사회의 시선

한국사회가 대안학교를 바라보는 시선은 매우 다중적이다. 한쪽에서는 우리 사회가 가진 교육문제와 획일성에 대한 '대안'으로서 기대를 걸고 그간의 성과에 의미를 부여한다. 이에 발맞춰 공공영역에서도 대안교육을 더욱 확산하기 위해 공립 대안학교나 위탁 대안학교를 늘려가고 있다. 근래 확대된 혁신학교 역시 대안교육의 개혁적 실험들을 공교육 내에서 실천하기 위한 노력의 일환이라 볼 수 있다.

하태욱 _ 건신대학원대학교 대안교육학과 교수. 교육의 변화를 꿈꾸며 연구와 실천을 이어가고 있다. 대안교육운동과 함께 최근에는 공립 대안학교, 혁신교육, 미래교육, 마을교육공동체를 화두로 공교육 및 지역사회와도 만나고 있다.

그럼에도 다른 한쪽에는 정반대의 오해와 편견들이 존재한다. 대안교육을 대단히 귀족적인 선발 집단의 특권으로 바라보는 시선이 있는가 하면, 대안교육을 문제아 수용소나 학교 부적응아 치료소로 인식하는 것이다. 대안학교가 386 운동권 세대의 자녀를 위한 교육이라거나, 7만 명의 학업중단생과 왕따 현상에 대한 대책이라거나 하는 단편적인 시각은 대안교육이 '특수 대상'을 위한 것으로 인식하게 하는 문제를 낳는다. 이는 대안교육의 교육적 가치에도 불구하고 대중성을 확보하기 어렵게 만드는 편견들이라 할 수 있다.

대안교육에 대한 또 하나의 편견은 '대안'이라는 이름이 무색하게 현재의 상황에 무언가를 '추가한다'는 이미지를 갖는 것이다. 따라서 무언가를 개혁하거나 바꾼다는 의미는 퇴색되고 개인적인 호불호 혹은 선택의 여지만 남으면서, 결국 그 '더함'이 필요(정당)한가의 논의로 귀결된다. 그러다 보니 정책과 연결해서도 개인의 선택을 정부가 어디까지 간섭할 것인가 혹은 그냥 놔둬도 좋은가의 수준에서 논의되는 형편이다.

이보다는 조금 낮지만 공교육에서 가르치는 '기초교과'들을 결핍하고서도 '인성'과 '사회적 성공'의 두 마리 토끼를 모두 잡을 수 있는 것이 대안교육이라는 인식도 존재한다. 이 인식의 바탕에는 '경쟁력'을 가지기 위해 대안교육이 (대학입시라는 고전적 성과든, 벤처기업이나 사회적기업 같은 새로운 성과든) 무언가 현대사회가 요구하는 성취를 보여주어야 한다는 성과주의가 깔려 있다. 성과의 내용은 다를지라도 결국 결과 중심의 맥락 속에서 '교육'이 소외당할 수 있다는 위험이 있다.

이런 오해와 편견들 속에서 '럭셔리 대안학교'라는 형용 모순적 표현이나 대안학교를 보내기 위해 과외를 시킨다는 아이러니한 이야기도 나오는 동시에, 대안학교가 기피시설로 인식되어 지역사회에서 거부를 당하는 서글픈 현실도 존재한다. 이 모든 현상들은 우리 사회의 뒤틀린 욕망과 그 교육적 변주를 보여주는 것이겠으나, '교육의 교육적 가치 회복'과 이를 통한 '물질문명사회에 대한 대안'을 고민하며 노력해온 많은 사람들에게는 '대안교육'이라는 명칭 자체를 다시 고민하게 하는 슬픈 현실이다.[1]

더 큰 문제는 미디어를 통해 만들어진 이런 담론들이 단순히 대중들의 편견으로만 존재하는 것이 아니라 정책에도 반영되고 있다는 점이다. 교육부의 대안교육과 관련된 정책이 대부분 학업중단 위기학생이나 왕따 가해·피해학생에 대한 대책의 일환이라는 사실은 그 반증이 될 수 있다. 사회적 편견부터 정책적 기초까지 대안교육에 대한 담론이 모두 '특정 대상'을 중심으로 펼쳐지면서 우리는 '교육'이라는 논의의 중요한 지점을 놓치게 된다.

---

1 대안교육이란 명칭에서 그 '대안'적 의미가 퇴색되는 것에 대한 경계는 대안교육운동 10년을 전후해 지속적으로 제기되었다. 이런 맥락에서 대안교육연대는 2010년 '대안교육, 제 이름값 하기'라는 모토로 '정명운동'을 펼치기 시작했다.

욕망과 대책의 담론들만이 대안교육을 둘러싸고 있는 상황에서 '교육의 교육적 가치 회복'을 위한 대안교육의 중요한 담론은 논의될 공간이 없기 때문이다.

대안교육 제도화의 과정

1998년 첫 제도화 이래 이런 담론들이 우리나라의 대안교육 정책과 제도화에 구체적으로 어떤 영향을 미쳤는지 살펴보자.[2] 각 법(안)과 연구안이 규정하고 있는 대안교육에 대한 전제는 다음의 표와 같다.

대안교육에 대한 정의는 조금씩 다르지만 기존의 교육에 대한 문제의식과, 학교부적응 같은 문제를 해결하기 위하여, 학생들의 다양성에 기반한 교육과정을 운영한다는 점에서는 유사성을 보인다. 그런데 앞서 살펴본 것처럼 대중담론의 차원이나 정책적 측면 모두에서 학교부적응의 문제는 개인의 '부적응'으로, 다양성은 개인의 '선택'으로 논의된다는 점을 짚을 수 있다. 좀더 구체적으로 이야기해보자.

---

[2] 최근 논문지도 및 심사를 맡았던 현영철의 한국교원대학교 정책대학원 석사 논문 '한국 대안교육의 제도화 방향 모색: 정책의제 설정 분석'(2018)을 바탕으로 수정한 것이다.

법안명	내용
특성화법	자연현장실습 등 체험위주의 교육을 전문적으로 실시하는 교육
각종 학교법	학업을 중단하거나 개인적 특성에 맞는 교육을 받고자 하는 학생을 대상으로 현장 실습 등 체험 위주 교육, 인성 위주 교육 또는 개인의 소질·적성 개발 위주 교육 등 다양한 교육
김춘진 의원법안 (18/19대)	학습자의 개인적 필요와 특성에 맞춰진 학습자 중심의 교육과정을 편성·운영함으로써 학습자 개개인의 소질 및 적성 개발을 위주로 하는 교육
김세연 의원법안 (19대)	개인적 특성에 맞는 학습을 위해 자율적인 교육과정과 다양한 교수방식을 실시하는 교육
교육부 연구안 (한양대)	다양한 교육방법을 통해 학습자의 개인적 특성과 필요에 맞는 따른 학습자 중심의 교육과정을 편성·운영함으로써 학습자 개개인의 소질 및 적성 개발을 위주로 하는 교육
박혜자 의원법안 (19대)	현행 법령으로 규정하고 있는 교육제도를 벗어나 교육목적, 학습자 수준 등에 따라 자유롭고 다양하게 교육과정을 편성 운영함으로써 학습자 개개인에 맞춘 교육
학교 밖 청소년 지원법	개인적 특성과 수요를 고려한 상담지원, 교육지원, 직업체험 및 취업지원, 자립지원 등
김병욱 의원법안 (20대)	개인적 특성과 필요에 맞는 다양한 교육내용 및 교육방법을 통하여 개개인의 소질과 적성 개발을 목적으로 하는 학습자 중심 교육

대안교육 지원을 위한 법안 비교

대안교육에 대한 정책 문제가 최초로 제기된 것은 문민정부의 '5·31 교육개혁안'으로 거슬러 올라간다. 이는 1995년 대통령자문 교육개혁위원회 주도로 '세계화·정보화를 주도하는 신(新) 교육체제 수립을 위한 교육개혁 방안'이라는 이름으로 발표되었다.

이어 1996년 2월에는 제도 안에 있는 대안학교인 특성화고등학교에 대한 부분을 다룬 2차 교육개혁 방안이 발표되었는데, 학생들의 소질과 특성을 고려하여 자유롭게 운영되는 학교(가칭 대중문화 학교)를 만들겠다는 구상이 들어 있다. 이 안으로 인해 다양한 고교 설립이 가능하게 되었으며, 직접 언급되지는 않지만 '대안교육'이 제도권으로 유입될 수 있는 기초가 만들어졌다. 이는 처음으로 대안학교의 정책의제화가 이루어진 사건이다. 이를 통해 국제고, 디자인고 같은 새로운 형태의 특성화고등학교가 가능하게 되었다.

여기서 눈길을 끄는 것은 바로 '학습부진아 전담 학교'다. 이는 교육당국의 정책인식이 초창기 대안교육의 성격과 달리 학업부적응 및 학교중도탈락과 밀접하게 연관되어 있음을 보여준다. 1998년 도입된 대안교육 특성화학교 제도 역시 그 근원을 찾아보면 1996년 12월 10일 '교육복지종합대책'에 뿌리가 닿는다. 이 종합대책에는 교육소외집단인 학교중도탈락자, 학습부진아, 특수교육과 유아교육 대상자, 그리고 귀국자녀 등에 대한 다양한 정책이 포함되어 있었다. 그중 「중도탈락자 예방종합대책」의 기본방향은 학교 모델을 다양화·특성화하여 다양한 학습욕구를 수용하고, 학교운영체제를 혁신해 학교생활 부적응 현상을 최소화하며, 사회적 지원체제를 구축하는 데 역점을 두었다.

이렇게 도입된 특성화학교법에 대해 이종태 교수는 "대안학교가 공적인 영역에서 논의되고 정책으로 이어진 결정적 계기이지만, 대안학교를 단지 중도탈락자를 위한 학교로 편협하게 인식하였다"며 그 한계를 지적한다. 같은 관점은 초·중등교육법 제28조(학습부진아 등에 대한 교육)에도 그대로 드러난다. '①국가와 지방자치단체는 다음 각 호의 구분에 따른 학생들을 위하여 대통령령으로 정하는 바에 따라 수업일수와 교육과정을 신축적으로 운영하는 등 교육상 필요한 시책을 마련하여야 한다'고 되어 있다. 이 법안에는 특수교육 대상자로 선정되지 아니한 학생과 학업중단학생이 포함된다.(현재 위탁형 대안학교는 이 법률에 근거하여 시행된다).

'부적응을 위한 교육' 인식의 강화

참여정부 들어서도 비슷한 기조는 그대로 유지된다. 2004년 5월에 발표된 '교육복지 종합계획'은 개인적, 가정적, 지역적, 사회·경제적 요인 등으로 발생하는 교육 소외, 교육 부적응 및 교육여건 불평등 현상을 해소하고 모든 국민이 높은 교육의 질적 수준을 누리도록 하여, 국민 삶의 질 향상과 사회 통합을 기함은 물론 국가의 성장 동력을 강화하기 위한 목표로 세워졌다. 세부 내용 중 '교육 부적응 해소'는 학교부적응자 및 부적응으로 인한 학업중단자(1.8퍼센트: 2003년 자료), 귀국자녀, 북한이탈 청소년, 특수교육, 유아교육, 저학력 성인, 외국인노동자 자녀, 장애인 및 저소득층 등을 대상으로 하여 대안교육의 대상을 '부적응'으로 인식하는 시각을 공고화한다.

그 대책으로 단위학교에 전문 상담인력을 확보 · 배치하고 지역사회기관의 상담전문가와의 연계를 강화하였으며, 대안 위탁 교육기관 및 프로그램 지정 · 운영을 확대 · 다양화하였다. 또한 학교 내 대안교실 운영과, 학교-대안교육기관-청소년상담실 등과의 학업중단자 지원 네트워크를 강화하였다. 또한 대안학교 확대를 위하여, '각종학교'라는 우회로를 통해 비인가 대안교육 시설에 보다 손쉽게 정규 학교로서의 법적 지위와 학력인정을 얻을 수 있는 길을 텄다.(교육부, 2004)

이런 시각은 가장 최근에 제도화된 '학교 밖 청소년 지원법'에도 그대로 이어져 있다. 이 법안은 '학교 밖 청소년'을 「초 · 중등교육법」제2조에 따른 '학교에서 학업을 중단하거나 학교에 진학하지 아니한 청소년 등'으로 정의하며, '국가와 지방자치단체는 학교 밖 청소년이 학업에 복귀하고 자립할 수 있도록 지원'할 수 있어야 한다고 명시하면서 이를 돕기 위한 방법으로 공교육이나 인가된 대안학교로의 복귀, 혹은 검정고시를 통한 상급학교 진학을 제시하고 있다.

이는 '학교 밖에는 교육이 없다'는 시각을 재확인하면서 '새로운 교육의 인정(New track)'보다는 '정상궤도로의 복귀(Back to track)'를 강조한다. 철저한 학교중심적 사고를 고수함으로써 다양한 대안학교의 교육적 성과들을 외면하고 학교 밖 청소년들이 접근할 수 있는 교육기회를 차단하고 있다. 다양성의 문제 역시 '선택권' 차원에서 논의하면서 공공의 영역에서 문제를 해결하기보다는 신자유주의식으로 개인에게 떠넘기거나 이를 부추기는 현상이 두드러진다. 귀족형 대안학교, 국제형 대안학교, 영재형 대안학교들의 확산은 바로 그 왜곡된 현실이다.

지금까지 살펴본 바를 정리하면 대안교육을 바라보는 시각은 '근대 공교육의 문제점을 극복하고 교육의 본질을 회복하려는 다양한 가치를 추구하는 새로운 시도'로 보는 시각과, '부적응 학생을 위한 교육'으로 보는 시각으로 대별될 수 있다. 실천가들은 대체로 교육개혁과 자율성을 주로 언급하고 있는 데 비해 정책 방향은 공공성 강화와 부적응 대책으로 가고 있다는 점에서 인식의 차이를 발견할 수 있다. 그러나 한국사회의 대안교육 담론은 주로 후자에 초점이 맞춰진 채 정책들을 재생산하고 있는 한계를 보인다.

제도화를 위한 새로운 전망

누구나 배움과 성장을 위하여 학교교육 외의 다른 길을 선택하고자 할 때 언제든 기회와 정보를 제공하기 위하여, 헌법이 명시하는 교육권을 국민에게 돌려주는 것이 대안교육이 풀뿌리 교육운동을 통해 이루고자 했던 바람이었다. 그러기 위해서는 현재 대안교육 현장들이 기존의 제도들을 어떻게 활용하는지, 무슨 어려움을 겪고 있는지, 무엇을 관철하려고 하는지에 대해 차근차근 살펴보면서 대안교육운동 그 자체를 제도로 자리 잡게 만들 수 있는 길을 열어야 한다.

동시에 현장에서는 대안교육의 실천과 사회적 담론의 간극을 좁히려는 노력이 필요하다. 대중들은 언론과 정책이 생산해내는 담론에 의해 대안교육을 소비하고 있을 뿐 대안교육이 무엇인지, 그것이 혁신교육이나 기타 교육개선 정책들과 어떤 공통점과 차별성을 갖는지 알지 못한 채 선입견으로 기피하거나 동일선상에 놓고 선택한다. 그러다 보니 교육적 관점에서 대안교육을 바라보기보다는 경제적 관점이나 기타 부수적이거나 왜곡된 관점으로 바라볼 수밖에 없는 한계를 가진다. 현재 많은 비인가 대안학교들이 겪고 있는 학생부족의 '위기' 현상은 실제 위기라기보다는 오히려 대안교육의 실천이 대중과 정책에 닿지 않으면서 생겨난 문제로 보는 것이 더 타당할 것이다.

의무교육을 교육권리로 전환하는 데 있어 최근 해외의 동향은 매우 흥미로운 경향을 보인다. 특히 우리나라와 함께 공교육 중심주의가 가장 극심했던 일본과 대만은 공히 2017년 서로 다른 방향으로 교육권리를 보장받는 법안을 통과시킨 바 있어 우리에게 중요한 화두를 던진다. 일본은 '교육기회확보법'을 통해, 부등교 학생들의 인권 문제로 출발한 대안교육운동의 가닥을 잡았다. 즉, 학교를 가지 않는 학생들도 학교를 다니는 학생들과 같은 권리를 누려야 한다는 내용이다.

반면 대만은 '실험교육법'을 통해 다양한 교육적 실험이 인정받아야 한다는 주장을 관철시켰다. 일본이 인권적 접근이라면 대만은 교육적 접근이라 요약할 수도 있겠다. 물론 두 법안의 출발은 서로 다르지만 모두 대안교육의 법적 보장과 교육받을 권리에 대한 인식이라는 공통점이 있다. 따라서 우리는 담론화와 제도화에 있어 한국적인 맥락과 타당성을 면밀하게 검토하고 보다 전략적인 접근을 준비해야 할 것이다.

(vol. 116, 2018. 3-4)

편집자 주 _ 20대 국회에서 박찬대 의원이 재발의한 '대안교육기관에 관한 법률안'이 2020년 12월 9일 국회 본회의를 통과했다. 이로써 비인가 대안학교의 제도화는 인가제보다는 기준이 낮고 신고제보다는 높은 등록제로 향방이 정해졌다. 비인가 대안학교들의 등록 여부는 시행령의 구체적 방향에 따라 결정될 것으로 보인다.

2부
대안교육의 진화를 위하여

혁신학교가 대안학교를 대체할 수 없는 이유

공교육, 그리고 혁신학교

"대안교육이 위기라고도 하고 이미 침체기에 들어섰다고도 한다. 혁신학교, 공립 대안학교가 대안교육을 대체하는 상황에 서⋯."

민들레 91호를 읽다가, 평소 존경하고 좋아하는 양희창 선생님의 '통일, 꿈 같은 이야기' 중 이 대목에서 갑자기 '혁신학교가 대안학교를 대체할 수 없는 이유'에 대해 글을 쓰고 싶어졌다.

양영희_ 서른 해 가까이 초등학교 교사로 지냈다. 『혁신학교 보내도 될까요?』(공저) 『다시 혁신교육을 생각하다』 『교실에서 날아온 별똥별』 같은 책을 썼다.

개인적으로 공교육 시스템에서 26년을 '갇혀' 살았다. 그 긴 시간 동안 나는 아이들 못지않게 숨막혔고 탈출하고 싶을 때도 많았다. 혁신학교의 장점 중 하나는 교사들의 자발성과 학교의 민주성이 어느 정도 살아날 기회를 준다는 것이다. 그것도 학교마다 편차가 아주 크지만 그런 기회만으로도 학교에는 생기가 살아나기도 했다. 내가 혁신학교에 들어가 무언가를 시도하게 된 까닭은 바로 자발성을 존중해주는 것 때문이었다.

공교육의 탄생 자체가 국가의 의도를 벗어날 수 없는 한계를 가지고 있지만 우리나라처럼 교육과정, 교과목, 교과서, 시수까지 국가가 직접 관여하는 나라는 없을 것이다. 한마디로 학교와 교사가 가질 수 있는 자율성은 거의 없다. 교사에게 진도를 나가고 정해진 수업시수만 채우면 되는 전달자 이상의 역할은 요구되지 않는다. 학교에서 가장 많이 쓰는 표현 중 하나가 '공문이 와서'란 것이다. 공문이 와야만 움직이고 공문으로 전달된 것만 해야 할 의무가 있다는 뜻이다.

그리고 대부분 학교에는 편안하게 자신들의 의견을 내며 토론하거나 회의를 하는 문화가 존재하지 않는다. 국가가 학교에 지시하듯, 학교 안에서는 교장의 의지가 절대권력이 되어 학교의 방향과 가치를 결정한다. 혁신학교에서조차 절차를 제대로 밟지 않은 걸 문제 삼으면 "다른 교장은 더 그래. 이만하면 양반이야"라는 얘길 쉽게 할 정도다. 혁신학교가 좋다는 얘기는 어디까지나 '일반학교에 비해서'라는 단서가 붙는다.

이런 까닭으로 대부분의 혁신학교에서 가장 먼저 노력하는 부분이 바로 민주적인 학교문화 만들기다. 이를 위해 교사 상호 간의 존중과 배려, 나눔문화 만들기, 회의와 토론문화 만들기 등을 배우고 익힌다. 그런 과정을 통해 결정되는 것들은 교사들 내면에 스며들어 학교에 대한 주체적 존재로서의 인식이 생겨나게 한다. 이런 출발은 이후 혁신학교 만들기의 초석이 되어 자발적 참여와 협력적인 공동체를 형성해 낸다. 그런 경험은 아이들을 대하는 자세를 바꾸기도 하고, 폐쇄적 교실주의에서 벗어나 공동수업을 만들거나 즐거운 프로젝트를 기획하며 의미 있는 교육과정을 운영하는 주체로 서게 한다. 이런 노력들은 학생과 학부모들의 긍정적 평가를 받기도 하고, 경쟁적이고 서열화된 학습 위주의 학교가 함께 배우고 나누는 새로운 공동체로 탈바꿈하는 기회가 되기도 한다.

그런 면에서 혁신학교는 '공교육의 제자리 찾기'가 목표라고 할 수 있다. 국가가 재원을 마련해 아이들에게 의무교육을 진행하는 것은 이 땅의 아이들 모두가 국가가 진행하는 교육의 혜택을 받고 행복하게 살 수 있도록 하려는 것이다. 세상과 따뜻하게 관계 맺는 법을 배우고 어디서든 살아갈 힘을 배우는 곳이어야 함은 말할 필요가 없다. 가르치는 사람도, 배우는 사람도, 아이들을 맡기는 학부모도, 모두 당연한 명제 앞에서 편안해야 하고 이를 신뢰할 수 있어야 한다.

그러나 기본적으로 혁신학교는 공교육의 틀 안에 있고 교육과
정, 교과서, 기본 시수, 평가 등 거의 모든 부분이 다르지 않다. 교
사들의 인사 이동도 다르지 않으며, 교육청과 국가의 통제 하에
서 일반학교가 겪는 어려움이 그대로 있다. 어떻게 보면 혁신학
교는 그 상황에서 또 다른 시도를 개혁적으로 하려고 노력하는
중이라 할 수 있다. 이런 이유로 일반학교 업무에 새로운 업무까
지 더해져 혁신학교 교사들의 노동 강도는 클 수밖에 없다. 새로
운 시도로 학교마다 다양한 노력을 펼치지만, 우리나라 공교육이
갖는 전체적 분위기와 내용에서 크게 벗어날 수 없다.

그래서 막연히 '혁신학교는 일반학교와 다르겠지'라는 기대를
했다가 실망하는 학부모들이 많다. 오래전에, 교육의 목표와 방
향이 수정되어버렸고 그것은 이 사회가 학력중심 사회를 재편하
지 않고는 해결될 전망이 없어 보인다. 공교육을 기반으로 하는
혁신학교는 전면적으로 개혁할 수 없는 태생적 한계를 가지고 있
다. 오히려 일반학교의 어려움에 혁신학교의 문제가 더해진 격이
라고 보면 어떨까?

혁신학교의 지속가능성을 위협하는 것들

혁신학교가 해를 거듭하면서 대안학교 학생 모집에 영향을 미

친다는 얘기도 들려온다. 그러나 공교육이 제 기능을 하기 위해 아무리 노력해도, 같은 철학을 구성원 모두가 숙지하고 실천하는 대안학교를 넘어설 순 없다고 본다. 아래와 같은 혁신학교의 여러 어려움이 그 이유를 보여준다.

첫째, 혁신학교에서는 교장이나 교사 등 혁신 주체들이 자주 바뀐다. 공교육 교사들은 대부분 4~5년이면 학교를 이동해야 한다. 아무리 후임교사들에게 초기의 철학과 내용을 연계시키려 해도 마음처럼 쉽지가 않다. 같은 내용이라도 함께 만든 사람들이 아니면 해석이 제각각이다. 그리고 자신들이 만들지 않은 것들은 쉽게 폐기하거나 수정 혹은 변형한다. 게다가 교장에 따라 절대적으로 달라지는 학교문화는 그 지속성을 더욱 안타깝게 하는 요인이 된다. 4년 이상 된 혁신학교들은 이런 문제를 해결하기 위해 각종 연수를 진행하는 등 노력을 기울이지만 처음의 빛깔이 퇴색되는 건 시간문제다.

둘째, 교육감이나 정부정책에 따라 혁신학교의 지속성이 달라질 수 있다는 점이다. 실제로 서울교육청의 교육감 사퇴로 인해 서울형 혁신학교가 좌초되는 것을 우리는 목격했다. 지금도 얼마 남지 않은 교육감 선거를 두고, 혁신학교들의 불안감은 이루 말할 수 없는 상황이다. 혁신교육을 반대하는 세력들은 이미 오래 전부터 혁신교육이 막을 내릴 것이라고 공공연하게 얘기하고 다닌다. 그들의 희망사항을 세뇌시키듯 말하는 사람들이 진보교육감 시절에도 늘 있었던 것이 현실이다.

셋째, 우리나라 학교들은 규모가 너무나 크다. 천 명이 넘는 곳에서 어떻게 공동체가 피어날 수 있을까? 인기 있는 혁신학교의 경우는 마흔 명을 넘는 학급당 인원수에다 학교 총인원이 천오백 명이 넘는 경우도 생겨났다. 이러다 보니 일반학교보다 훨씬 열악한 환경이 되어버린 것이다. 기존의 특별실을 교실로 전환하는 곳도 많아졌고, 주변 학교의 어려운 학생들이 혁신학교로 몰리는 현상도 벌어졌다. 부적응 학생과 학습능력이 현저히 떨어지는 학생들의 쏠림 현상이 일부 혁신학교로 이어지면서 많은 문제들이 줄줄이 생겨났다. 교사들은 지쳐가고 학교는 비좁아졌으며 인근 집값만 높아지기도 했다.

넷째, 일반화의 어려움이다. 경기도에서는 혁신학교의 일반화 정책을 시도하고 있다. 즉 그동안의 성과를 도내에 있는 모든 학교들과 나누어 확산하려는 정책이다. 그러나 초기 혁신학교들의 자발성까지 확산시키는 일은 쉽지 않은 것이 현실이다. 프로그램과 기법은 확산할 수 있지만 문화와 그 마음까지 전수될 수는 없는 것이다.

다섯째, 양적 팽창과 질의 문제다. 세상에서 가장 힘든 것이 사람의 마음을 움직이는 일일 것이다. 철학에 동의하고 자신의 가치와 맞아야 실천으로 이어지는 것이다. 그런데 그저 몇 시간 연수와 결정권자의 지시만으로는 '흉내내기' 밖에 나올 게 없다. 혁신학교의 숫자는 기하급수로 늘고 있지만 내용을 담보하는 건 다른 문제가 된다. 초기의 혁신가치와 내용들을 현재의 구성원들이 자신들의 역사로 쓰고 있느냐가 중요할 것이다.

여섯째, 리더 그룹의 확대 그리고 교장임용제도의 문제도 혁신학교의 지속성과 맞물린 과제다. 또한 제도와 행정적 환경의 어려움 또한 이루 말할 수 없이 큰 상황이다.

마지막으로, 자발성과 헌신성을 계속 유지할 수 있을까 하는 문제다. 혁신학교 확산이 쉽지 않은 이유가 여기에 있다. 그러니 지치지 않을 만큼만 학교 구성원들의 상황에 맞게 조율하자는 이야기도 나오고, 실제로 갖가지 빛깔로 윤색되기도 한다. 또 많은 부분 기능적 접근이 이루어지고 있어서 실제 교육이 바뀌는 것과 무관하게 진행하는 곳도 생길 수밖에 없다. 더구나 교사들이 혁신학교를 기피하는 현상도 일어난다. 같은 근무 시간인데, 굳이 노동 강도가 센 곳에서 힘들게 일하고 싶어 하지 않기 때문이다.

대안학교와 혁신학교의 거리

공교육과 대안교육이 갖는 거리가 혁신학교라고 해서 다르지 않다. 다만 혁신학교는 무너지고 상처 난 공교육을 바로 세우고 구성원들이 적극적 주체로 서는 민주적 관계 회복을 꿈꾼다. 아이들을 중심에 두고 노력을 기울이며 학교에서 행복해질 수 있도록 작은 실험들을 하는 중이다. 많은 시행착오가 있었고 앞으로 갈 길도 만만치 않다. 그러나 아무리 혁신학교에서 노력을 한다 하더라도 대안학교가 갖는 애틋한 공동체성과 교사들의 헌신성을 따를 수는 없다고 본다. 학생 한 명 한 명을 우주로 대하며 그 삶을 통째로 인정해주는 대안학교와 획일적 공간에서 번호로 호칭하는 일반학교의 차이는 엄청난 것이리라. 또 일반교사들이 '대안적 삶과 가치를 실천하고 사회구조를 읽으며 통찰하는 힘'을 얼마나 가졌을지도 모를 일이다. 단순하게 표현하면 '학교 안에, 교실 안에 머물며 기울이는 노력만으론 대안학교를 대체할 수 없다'고 본다. 나를 비롯한 공교육 교사들에게 지금의 반도 안 되는 급여를 받으며 아이들과 24시간 생활하라고 하면 몇이나 남을까, 하는 생각도 해본다.

대안학교는 단 한 명의 학생일지라도 그의 온전한 삶을 보듬어가고 학교 안의 공동체가 만들어질 때부터 철학을 공유하고 지지하는 사람들이 새 지평을 열어간다. 하지만 혁신학교는 거대다수의 공교육이 무너진 상태에서 극소수의 학교에서 작은 몸부림을 치는 시작에 불과하다. 그 몸부림의 과정이 애절하여 주는 감동은 많다. 그러나 전체 공교육을 흔들고 모두가 혁신교육을 받아들이는 일은 쉬워 보이지 않는다. 학교교육의 절대 결함은 교육의 내용이 아이들의 삶과 미래와 연결되지 못하고 있다는 것이다. 또 학교에서 어떤 가치를 추구한다 하더라도 경쟁모드를 피할 길이 없는 현실적 이중구도이다. 아이들 입장에서 보면 학교는 가치의 이중화로 인한 딜레마 상황처럼 보일 것이다. 교육에서 강조하는 내용과 현실의 완전한 대조가 오히려 교육을 가장 비교육적으로 만들고 있는지도 모른다. 게다가 학교는 솔직하지도 않다.

그러니 양희창 선생님의 표현은 혁신학교를 과하게 평가한 것으로 보인다. 정말 혁신학교가 대안학교에 위협이 될 정도로 발전하고 성장하는 날이 오면 좋겠다. 대안교육을 하는 분들도 공교육이 제 기능을 하길 바랄 것이며, 그런 모습을 한 공교육과 연대하고 싶지 않을까?

(vol. 92, 2014. 3-4)

대안교육 100년을 내다보며

대안교육 20주년

대안교육 20주년이란다. 정확한 기점을 잡기는 어렵지만 대략 이즈음이 20주년이라는 데 큰 이견은 없는 모양이다. 대안교육 운동의 시작에 대해 여러 의견이 있겠으나 많은 이들이 1997년 경남 산청에서 비인가 전일제로 문을 연 간디청소년학교를 중요한 기폭제로 보고 있다. 특정 학교를 내세우지 않더라도 1990년대 후반부터 일어난 새로운 교육운동이 '대안교육'이라는 이름으로 묶여 사회적으로 주목받기 시작한 것은 사실이다.

하태욱 _ 건신대학원대학교 대안교육학과 교수. 교육의 변화를 꿈꾸며 연구와 실천을 이어가고 있다. 대안교육운동과 함께 최근에는 공립 대안학교, 혁신교육, 미래교육, 마을교육공동체를 화두로 공교육 및 지역사회와도 만나고 있다.

개인적으로는 서머힐학교에 꽂혀 영국 대안교육을 10년 동안 공부하고, 한국에 돌아와 교육운동에 뛰어든 지 10년이 지났으니 대안교육 연구자로서의 정체성도 20주년을 맞았다. 2007년 귀국해 대안교육연대를 비롯한 여러 교육현장들과 관계를 맺던 당시, 가장 많이 들었던 키워드가 '대안교육 10년'이었다. 그러던 것이 시나브로 20년에 도달했다. '시나브로'라는 표현을 의도적으로 쓰는 것은 유학 시절 먼발치에서 바라본 초기 한국 대안교육운동 10년의 역동성에 비하면, 귀국 후 함께했던 대안교육은 (이런저런 실천과 사건들에도 불구하고) '비교적 무난한' 안정기를 거쳐왔다는 느낌이 강하기 때문이다.

이 시점에서 짚어보고 싶은 것은 한국 대안교육의 시대적 맥락이다. 그 흐름 안에서 대안학교가 생겨났고, 부모와 교사와 아이들이 모여들었으며, 그들과 함께 구체적 교육 실천을 해왔기 때문이다. 현재 대안교육의 사회적 맥락을 다시 짚으며 앞으로의 10년, 20년 혹은 100년을 준비할 필요가 있겠다.

1990년대 후반부터 2000년대 초반까지는 맨땅에 헤딩하는 심정으로 새로운 교육을 실험하며 학교들을 만들었고, 그 기반 아래 2000년대 중후반 대안교육은 대중적으로 호응을 얻고 확산되어갔다. 한국사회는 대안교육의 어떤 점에 적극적으로 반응했으며 어떤 기대를 안고 호응했던 걸까? 그리고 우리는 어떤 마음으로 대안교육의 실천을 세우고 발전시켜온 걸까?

이 두 가지 질문은 같은 듯하면서도 다르다. 더 엄밀하게 말하자면 대안학교를 바라보는 외부인들의 시선과 대안학교를 찾아온 학부모의 시선, 그리고 대안학교를 만들고 꾸려온 운영주체 (그것이 개인이든 단체든, 교사든 학부모이든) 사이에는 확실한 입장차가 있다. 그 간극을 분명히 인식하고 이를 좁혀나가기 위한 노력이 수반되지 않는다면 대안교육은 '그들만의 리그'라는 비판에서 자유롭기 어렵다.

더 큰 문제는 이 안정기를 통해 '우리는 어떤 미래를 준비해왔는가' 하는 자기 비판적 질문에 당당하기 어렵다는 점이다. 대안교육 진영에서 퍼지고 있는 소위 '위기론' 역시 결국 이 질문으로 귀결된다. 이 막연한 위기론의 실체는 그야말로 현상적이고, 그러다 보니 실체에 접근하지 못한 채 과장되어 있다. 대안학교 입학 지원자가 줄어들고 있다는 막연한 위기론을 넘어 대안교육을 '대안적 가치를 담보한 교육'으로 만드는 일로 재구성하려면 그동안 놓친 것들을 차근히 짚어볼 필요가 있다.

좋은 학교와 대안적인 학교 사이에서

최근 연구와 컨설팅 등으로 몇몇 대안학교들을 깊게 들여다볼 기회가 있었다. 공립 대안학교에서부터 사립 인가 대안학교, 기독교 대안학교, 비인가 대안학교까지 다양했다. 수업과 학교생활을 관찰하고 교사, 학생, 학부모들을 인터뷰한 결과를 분석해보니 그곳에는 공교육에서 찾아보기 힘든 '학생-교사' '교사-학부모' 간의 좋은 관계가 형성되어 있었다. 학생들을 성적 중심으로 판단하지 않고 개개인을 존중해왔고, 수업은 교과서에 얽매이지 않았으며, 교사는 비교적 높은 자율성과 열정으로 자신의 '수업'을 개선하고자 노력하고 있었다.

그러나 이것으로 충분히 '대안적'인가? 그 현장에서 만난 한 교사는 이렇게 물었다. "우리 학교의 미래는 어떻게 될까요?" 섣부른 예측 대신 내가 연구했던 영국의 대안교육운동사에 대해 들려주었다.

1890년대, 영국을 비롯한 유럽의 (대안)교육 운동가들은 당대의 근대학교 제도가 시대에 뒤떨어져 있다는 인식 아래 새로운 교육을 꿈꾸었는데, 그것이 바로 '신교육운동New Education Movement'이다. 우리에게는 '신교육'이었던 19세기 서양식 교육은 이미 그 시대 혁신적 교육 개혁가들에게 '시대에 뒤떨어진 것'으로 여겨졌던 것이다.

19세기 말, 20세기 초 그들의 주장은 너무나 급진적이어서 교육계를 비롯한 사회로부터 엄청난 비난과 부정적 편견에 시달려야 했다. 체벌 금지, 남녀공학, 머리와 몸이 합일되는 학습, 실용적 기술교육, 교사-학생 간의 평등하고 인간적인 관계, 신분보다는 학습자의 흥미와 관심에 기반을 둔 교육 등 지금 보면 지극히 당연하지만 당시의 교육환경에서는 너무나 비상식적이고 과격할 정도로 진보적인 요구였다. 새로운 시대의 필요성과 당위성을 미리 내다본 선구적인 지식인, 교육자, 학부모들은 당대의 한계를 극복하고 새로운 학교를 통해 새로운 가치와 전망을 실천해 냄으로써 그 진보적 요구가 현실화될 것이라고 본 것이다. 실제로 그들이 전망했던 사회는 얼마 지나지 않아 도래하였고, 공교육 역시 그토록 과격해 보였던 급진적 교육을 점차 당연한 것으로 받아들이게 되었다.

그렇다면 그 학교들의 현재는 어떨까? 서머힐학교처럼 근대교육의 근간을 과격하게 흔들며 여전히 '대안적'으로 존재하는 학교도 있지만 세계대전 이전에 설립된 대안학교는 대부분 '좋은 학교'가 되어 있다. 심지어 자신들의 학교가 과거 그토록 급진적이었다는 사실조차 모르는 구성원이 있을 정도로 철저하게 체제 속에 스며든 학교도 있다. 물론 그 사실을 비난할 필요는 없다. 19세기 말보다 현격하게 진보한 제도권 교육시스템 속에서도 여전히 그들은 눈에 띄게 좋은 관계를 맺으며 아동중심 교육을 실천하고 있기 때문이다. 100년 전 사람들이 상상하거나 받아들이지 못했던 가치를 전망하고 실현하기 위해 새로운 대안을 실천했고, 그 실천이 보편적으로 받아들여질 수 있는 세상을 견인해낸 것으로 그 존재 가치는 충분하다고 본다.

대안학교 위기론의 실체

최근 몇 년 새, 국내 대안학교 사이에 소위 '위기론'이 등장했다.(나는 이 위기론이 막연한 불안감에 근거하고 있다고 생각한다. 위기의 징후는 있으되 그 근거는 명확하지 않다. 다만 대안학교 지원자 수의 감소만이 체감되고 있을 뿐이다.) 지원자가 감소하는 원인으로는 우선 혁신학교의 확대가 꼽힌다. 공교육 안에도 대안이 있으므로, 굳이 여러 제약을 감당해야 하는 대안교육을 선택할 필요가 없다는 논리가 성립되기 때문이다. 공교육에서 포용하기 어려운 학생들의 대안학교 입학 지원이 점점 늘고 있다는 점도 이런 현실을 보여주는 반증이다. 부모 입장에서 대안학교는 자녀를 위해 선택할 수 있는 수많은 대안 중 하나로 보는 것이 당연하다.

그렇다고 혁신학교의 확대가 대안교육에 반갑지 않은 현상일리 없다. 혁신학교의 등장은 대안교육의 실천을 공교육 안에서도 실현해내고자 하는 노력의 연장선으로 보아야 한다. 실제로 혁신학교에는 대안교육에서 먼저 이루어진 실험을 공교육에 맞도록 활용한 것이 많다. 혁신학교의 철학적 뿌리는 대안교육과 동일하며 그 실천적 뿌리는 대안교육의 실험들이다. 따라서 혁신학교는 '공교육 안에서의 대안교육운동'으로 바라보는 것이 타당하다. 그런 면에서 대안교육운동의 성과는 단연 '공교육에서의 대안교육 확대'라고 볼 수 있다. 혁신학교는 물론 교착 상태에 빠져 있던 공립 대안학교들도 성공적인 사례들을 만들어내고 있고, 공교육 곳곳에서 변화의 싹이 움트고 있다. 이런 대안교육운동 20년 성과에 대해 자랑스러워 할 필요가 있다고 생각한다.

그러므로 대안교육의 가치와 성과를 단순히 '대안학교'의 문제로 축소시키는 것은 여전히 대안교육 현장의 시각이 근대적 '학교주의'에 머무르고 있다는 한계를 반증한다. 단순히 내 아이 하나 잘 키워보겠다고, 전체 학생의 1퍼센트도 감당하지 못하는 학교 하나 만들겠다고 대안교육운동이 시작된 것이 아니라는 점을 기억해야 한다. 개별 학교를 통한 실험들은 추운 겨울날, 촛불을 들고 광장으로 나간 행위와 같은 것이었음을 잊지 말아야 한다. 이 역사적 흐름을 어떻게 민주주의 사회로 이어갈 것인가 하는 것이 촛불의 핵심이었듯, 지금 이 시대에 필요한 대안교육운동으로서 민주교육, 살림의 교육, 행복한 교육은 무엇인가를 고민해야 할 때다. 공교육 안에서의 다양한 실험들도 의미가 있지만 그것은 분명 대안학교라는 혁신 선도재가 있었기 때문이다.[1] 이 말을 뒤집어보면 공립학교의 틀 안에서는 하기 어려운 교육적 상상들을 대안학교들이 선도적으로 실현해야 할 역사적, 사회적

---

1 교육부를 비롯한 한국사회는 대안교육을 학업부적응 학생을 위한 '공교육 보완재'로 보는 시각에서 벗어나지 못하고 있다. 나는 늘 대안교육이 '공교육의 혁신 선도재'임을 증명하고 담론화하는 것이 중요하며, 그것이 제도화나 지원의 당위적 근거가 된다고 대안교육 안팎에서 주장해왔다.

가치가 있다는 의미가 된다.

앞서, 영국의 초창기 대안학교들이 100년이 지난 지금은 매우 '좋은 학교'로 존재하고 있다는 내 대답에 그 교사는 씁쓸한 표정으로 "우리 학교의 미래를 보는 것 같군요"라고 했다. 나는 100년 뒤에도 여전히 '좋은 학교'로 남을 수 있다면, 그리고 100년 전 교육에 대한 선도적 문제제기로 공교육 체제가 그만큼 변화할 수 있었다면 그 존재 가치는 충분하지 않겠는가 하고 되물었다. 다만 그 씁쓸한 표정이 그보다 한걸음 나아간 대안교육에 대한 미련을 의미하는 것이라면 지금이라도 늦지 않았으니 학교 공동체가 변화를 시작하면 될 것이라고 말해주었다.

좋은 학교로 남을 것인지, 더 혁신적인 대안교육운동의 모델이 될 것인지의 갈림길에서 무엇을 선택하느냐에 따라 그 노력의 넓이와 깊이가 달라질 수밖에 없다. 현재의 제도권 학교를 개선하는 수준으로 목표를 잡을 것인가, 아니면 근대학교 제도 자체를 혁신해 4차 산업혁명 등으로 대표되는 시대에 필요한 새로운 배움과 성장의 터전을 만들 것인가. 이를 결정하는 데는 공동체의 합의가 필요하고, 어쩌면 고통스러운 과정을 동반할 수도 있을 것이다.

20년 전, 황무지에 처음 대안학교를 세우던 선배들에게는 그런 각오가 있었던 것 같다. 지금 우리는 어떤가?

대안교육의 시대적 역할은 무엇일까

공교육 변화에 많은 영향을 주었다고 해서 대안교육의 역할을 다한 것일까. 한국의 교육은 충분히 변화했는가. 행복한 학교를 만들자는 (대안)교육운동이 학교 안에서 소수의 아이들과 자족하며 갇혀 있는 것은 아닌가. 이렇게 질문하기 시작하면 선뜻 자신 있게 대답하기 어려운 것이 사실이다. 이런 현실을 돌파하기 위해서 대안교육이 어떤 시대적 역할을 찾아내야 할지 생각해볼 필요가 있다.

대안교육의 사회적 담론화

2000년대 초반 대안교육은 잠깐 사회적으로 담론을 만들어냈던 적이 있다. 우리 사회는 이 새로운 학교들의 등장에 환호하고 주목했다. 그러나 사실 그것은 대안교육이 만들어낸 담론이었다기보다 한국사회, 더 정확하게는 한국 언론들이 요구하고 소비했던 담론이었다. 그러다 보니 그 담론은 때로는 성공 신화로, 때로는 엘리트주의로 변주되어 '글로벌 엘리트 대안학교' '귀족형 대안학교' 같은 형용모순들을 만들어내거나 특정 목적의 변칙수단으로 소용되어왔다. 앞선 공교육에서의 대안교육 확대 역시 대안교육운동의 직접적 성과라기보다는 공교육 혁신을 꿈꾼 많은 실천가들이 대안교육을 찾아와 배워간 것으로 보는 것이 정확하다.

그러니 비판적으로 보자면 대안교육은 지난 20년간 대안학교를 설립하고 이를 존속시키는 데 급급했다는 비판에서 자유롭기 어렵다. 그 자체로 의미가 없지 않았지만 그것으로 충분했는가에 대해서는 아쉬움이 크게 남는다.

대안교육이 여전히 새로운 세계를 지향하고 있다면 그를 위해 필요한 것은 무엇이고, 대안학교들이 지속가능성을 갖기 위해 살펴야 할 것은 무엇일까? 우선 새로운 시대를 위한 대안을 고민할 필요가 있을 것이다. 그동안의 대안교육은 많은 부분 대안'학교'의 설립과 운영에 초점이 맞추어져 있었다. 그것은 아마도 대안교육을 주도하는 사람들이 '학교'를 통해 교육받아왔기 때문일 것이다. 그러다 보니 근대학교의 제도적 한계를 극복하고자 하면서도 다시 '학교'라는 틀에 갇히게 되는 모습을 보였다. 이미 근대학교의 모델은 여러 가지 측면에서 한계에 부딪혔으며 디지털 혁명은 학교라는 공간적 한계를 뛰어넘어 '초지능성'과 '초연결성'이 구현 가능한 교육 플랫폼을 구축하고 있다. 이는 단순히 디지털 매체를 쓸 것인가 말 것인가에 대한 논쟁을 의미하는 것이 아니다. 이 시대를 어떻게 바라볼 것인지, 시대적으로 요청되는 교육은 어떤 것인지 고민을 나눌 필요가 있다. '넘나들며 배우기'라는 말이 단순한 구호가 아니라 실제로 무엇을 넘어 어디로 넘나들 것인지, 어떻게 넘나들며 배워야 할 것인지에 대한 깊이 있는 성찰과 전망 탐구가 요구된다.

교육의 철학과 실천에 대한 학습

그 성찰과 전망 탐구를 위해 필요한 전제는 '교육에 대한 학습'이다. 대안교육이 근대학교라는 테제에 대한 안티테제로서만 존재한다는 비판은 교육에 대한 깊이 있는 배움과 성찰을 통해서만 넘어설 수 있다.

2015년 대안교육한마당에서 대안교육 선언문을 접한 한 공교육 교사는 선언문에 적힌 '대안교육'이라는 단어를 모두 그냥 '교육'으로 바꿔 읽어도 전혀 무리 없이 읽힌다고 말해주었다. 대안교육운동은 곧 '(공)교육정명운동'이라는 주장은 운동 초창기부터 있었다. 그런 의미에 보자면 대안교육은 '참'교육이며 교육의 정명이다. 따라서 교육이 무엇인지, 그 철학적 뿌리를 성찰할 필요가 있다. 그 철학은 단순히 아동의 발달단계를 이해하는 것을 넘어 사회에서의 교육의 역할, 다양한 방법론적인 실험들까지도 아우르는 것이다.

그 과정에는 '학습'에 대한 새로운 정의가 필요하다. '배움'이 중요하지 않다는 말이 아니다. 무엇을 '배움'으로 볼 것이며 그 배움을 통해 어떤 '성장'을 도울 것인가에 대한 재개념화가 필요하다는 뜻이다. 대안교육 내부에서도 "대안학교에서는 '공부'를 하지 않는다"는 농담이 진담처럼 통용된다. 그 근저에는 공교육에서의 입시 중심의 학습을 절대화하는 (무)의식이 자리 잡고 있다. 그렇다고 모든 주지적 학습이 의미 없다는 뜻은 아니다. 예를 들어 서머힐학교에서 '시험 준비'로 대표되는 주지학습은 대단히 도구적으로 취급된다. 행복한 사람이 되는 과정에서 대학이든 취업이든 필요한 자격이 있다면 그 자격을 갖추기 위한 자발적인 주지학습도 지원한다.

물론 다른 나라의 사례를 들여다볼 때 간과하지 말아야 할 것은 각각의 사회가 갖는 문화적 맥락적 차이다. 교육의 목적이 대학입시에 집중되어 있는 한국에서는 중산층을 중심으로 한 욕망의 이중성이 짙게 개입한다. "대학을 공공연히 이야기하기는 민망하고 아이가 알아서 준비하거나 학교가 노골적이지 않게 준비해줘서 서울에 있는 대학 정도에 수시입학 했으면 하는 게 솔직한 심정"이라고 고백했던 한 대안학교 학부모의 말이 그렇다. 그러므로 대학 '신화'를 제대로 보고 한국의 대학과 청년 문제에 대해 명확한 인식을 갖는 것도 필요하다. 대안교육의 대학에 대한 인식은 2014년 김예슬 선언[2]을 기준으로 어디쯤에 있는가 짚어볼 필요가 있다. 한국의 교육이 대학입시로 인해 심각하게 왜곡되어 있다면 그 문제를 짚어내고 대안을 모색하는 것 역시 대안교육의 중요한 역할이다.[3]

---

2 『민들레』 68호, '오늘 나는 대학을 그만둔다. 아니, 거부한다!' 참조.
3 『민들레』에 필자가 기고했던 대학에 대한 문제 제기와 대안대학 탐방기 참조.(73, 77, 79, 81, 83호)

대안교육의 미래를 위해 필요한 것

민주적인 교육

공동육아, 대안학교, 서머힐, 발도르프, 프레네든 간에 결국 대안교육의 고갱이는 학습자중심Learner-Centered에 있다. 아동이 자신의 배움에 스스로 주체성을 갖는다는 것. 많은 대안학교들이 '자유'라는 이름을 앞에 달고 있지만 각자가 생각하는 '자유'의 구체적인 상은 매우 다르다. 실제로 진정한 자유를 가진 배움의 주체로 길러내고 있는지에 점검이 필요하다.

많은 대안학교들이 아이들을 배움의 주체로 인정한다는 측면에서 참여민주적 제도를 갖추고 있다. 그러나 그것이 형식적 민주주의에 그치지 않고 학습자 한 사람 한 사람의 욕구와 욕망을 받아들이고 있는가에 대해서는 성찰이 요구된다. 개개인의 왜곡되거나 흔들리는 욕망까지 전부 반영해야 한다는 의미는 아니지만 그 욕구와 욕망을 솔직하게 꺼내놓고 공동체 안에서 건강한 논의로 풀어내본 경험이 많지 않다. 수많은 시행착오와 경험을 통해 비로소 우리는 자신의 배움, 더 나아가 자기 삶의 주인이 된다. 그 과정에서 각자의 욕구와 욕망이 거리낌 없이[4] 표출되는 장

---

4 여기서 '거리낌 없이'는 '날것으로' 또는 '이기적으로' 같은 부정적인 의미가 아니라 '자기검열이나 제약 없이 자유롭게'라는 긍정적인 의미다.

이자 조정되고 합의되는 공간이 공동체이고, 그 과정을 비로소 '민주주의'라 부를 수 있다. 대안교육이 지나치게 선악을 미리 정해놓고 아이들을 또 다른 방식으로 가두고 있었던 건 아닌지 돌아보아야 한다. 2010년 대안교육한마당과 이후 『민들레』를 통해 제기되었던 소위 '빨간약, 파란약'[5] 논쟁도 같은 맥락일 것이다.

교사 플랫폼

교사가 필요하다. 뜨거운 가슴과 열린 태도를 가진 교사, 아이들은 물론 학부모, 동료 교사들과의 관계와 소통에 재능을 가진 교사, 가르쳐야 한다는 부담을 내려놓고 함께 탐색하고 모색할 줄 아는 교사, 모든 교육적 가능성에 열려 있어 사소한 일상에서도 배움과 성장의 기회를 포착해 낼 줄 아는 교사, 그 기회를 확장시키기 위해 주변의 다양한 자원들을 연결시킬 줄 아는 네트워커로서의 교사, 연결된 다양한 자원들을 협주하고 변주하여 교육 프로젝트로 구성할 줄 아는 코디네이터 교사. 교육의 역사적 가치와 사회적 실천을 학습함으로써 변하지 않는 가치와 유연한 태도를 겸비한 교사, 그리고 이런 교사를 길러내고 성장시킬 수 있는 플랫폼이 새로운 대안교육의 핵심적 요소일 것이다.

---

5 대안학교를 오랫동안 다닌 청년이 가치 중심의 대안교육을 영화 〈매트릭스〉의 빨간약, 파란약에 비유해 쓴 글. 『민들레』 71호, '자신의 언어를 가진 대안교육을 바란다'

새로운 리더십

지난 대안교육운동 20년이 1세대들의 리더십으로 시작되고 발전해왔다면 이제 2세대들에게 새로운 리더십이 요청된다. 1세대들에게 강한 개척의 리더십이 있었다면 2세대 리더십은 시대적 요구에 맞는 민주적인 리더십이 필요하다. 더 중요한 것은 시대와 교육을 읽어낼 수 있는 비전을 갖춘 리더십을 어떻게 세울 수 있을까 하는 문제다. 앞서 말했듯이 우리는 변혁의 시대를 살아가고 있으며 우리 아이들은 그 변혁 이후의 세상을 살아가야 할 것이기 때문이다.

자료 축적과 연구

시대를 읽는 교육과 리더십을 위해서는 자료 축적과 정리, 연구가 필요하다. 대안교육 20년의 실천이 개별 학교는 물론이고 운동 차원에서도 엄청난 자료들을 쏟아내고 있지만 그것을 모으고 정리하고 해석하는 작업에는 다들 엄두를 내지 못하고 있다. 앞서 대안교육 위기설을 언급하기도 했지만 혁신학교 등의 '다른 선택지'가 대안교육의 위기를 불러왔다는 진단에 전적으로 공감하기는 어렵다. 제도권 학교가 시도하기 어려운 혁신 가능성이 대안학교에는 훨씬 넓게 열려 있다. 과연 그 가능성을 충분히 활용하고 있는지, 그 가능성을 개별 학교 단위에서, 그리고 전체 운동 차원에서 어떻게 다룰 것인지 고민할 시점이다. 대안교육에 대한 요구는 점점 더 다양해지고 여러 가지 이유로 공교육에서 잘 지내지 못하는 아이들이 현실적인 선택으로 대안교육을 찾고 있다는 점도 인정하지 않을 수 없다. 이런 문제에 대해서도 어떤 전문성으로 어떻게 대응해야 할지 연구와 교육이 필요하다.

교육 운동성

2010년 대안교육연대가 야심차게 던졌던 '대안교육 정명 선언'은 '대안교육'이 제 이름값을 하기 위해서는 어떤 교육이어야 할 것인가를 짚었던 중요한 사건이었다. 하지만 제 이름값을 구현해내기 위해 어떤 노력이 이어졌는지 성찰해보면 뼈아픈 측면이 있다. 여러 자리를 통해 언급한 적이 있지만 정명은 '선언'되었을 뿐 '운동'으로 발전되지 못했다. 대안학교 숫자가 늘어나면서 귀족형 대안학교, 국제형 대안학교, 포교 전도형 대안학교, 부적응형 대안학교 등 '대안'이라는 말을 아전인수 해석하는 경우가 더 많다. 사회적으로 왜곡된 욕망에 영합하면서 '내가 하는 것도 대안'이라는 태도와 맞서 어떤 정명을 내세울 수 있을 것인가?

결국 이런 '다양한 변종'의 시대에 대안교육의 정명 작업을 어떻게 해낼 것인가는 치밀한 전략 없이는 불가능하다. 대안교육의 실천이 결과적으로 우수한 리더를 길러내거나, 학업중단이나 학교 밖 청소년 문제를 해결할 수도 있을 것이다. 그러나 그것은 교육을 통한 부산물일 뿐 그것 자체가 교육의 목표일 수는 없다. 대학입학이라는 부산물이 교육의 절대적 목표가 되면서 교육이 어떻게 왜곡되고 심각한 문제들을 야기했는지 우리는 이미 잘 알고 있다.

담론화와 현장 간의 연결

대안교육의 정명을 위해서는 그 핵심적 철학과 내용이 사회적으로 담론화될 필요가 있다. 오래전부터 한국의 교육당국은 대안교육에 '학업중단 위기'라는 프레임을 설정하고 정책들을 만들어왔다. 최근의 대안교육 담론은 전적으로 '학교 밖 청소년'에 맞춰져 있다. 대안교육운동이 여기에 대항해서 정명에 기반한 새로운 프레임을 짜고 담론을 생산하여 돌파해내기보다는 함께 편승하는 경향성도 일부 보였다.

그러나 대안교육 정책화의 초기인 1990년대 말부터 이미 교육당국과 실천가들 사이에는 '학업중단의 대책 vs 교육변혁을 위한 대안'이라는 인식의 간극이 있었다. 2001년 산청간디학교와 경남교육청 사이의 충돌이 그 시발점이었다고 한다면 이후에도 교육당국은 끊임없이 학교부적응 학생들에 맞춰 대안교육의 쓰임새를 규정하려 했다.(이는 결국 2012년 대안교육연대의 교육부 지원사업 거부로 충돌한 바 있다.) 더구나 2015년 '학교 밖 청소년 지원에 관한 법률'이 만들어진 이후로 이 프레임은 더욱 강해져 다른 모든 논의를 빨아들이는 진공청소기 역할을 하는 반면 이에 대한 대안교육의 대응은 매우 미비하다. '대책'이 아닌 '혁신'의 프레임, 새로운 대안교육의 담론이 절실하다. 앞서 언급한 '혁신 선도재'로서의 대안교육을 어떻게 사회적으로 알릴 수 있을 것인가가 대안교육의 미래를 결정하는 중요한 요소가 되리라 본다.

결국 새로운 대안교육의 담론은 '학교'를 넘어선 교육실천으로부터 시작할 수밖에 없다. 근대교육의 한계가 결국 '학교중심주의'로부터 시작되었으며 그 대안은 학교를 넘어서는 것이어야 하기 때문이다. 대안'학교'를 넘어 마을, 자연, 그리고 지역의 한계를 넘어선 네트워크 사회와의 통합적 '넘나들며 배우기'가 어떻게 가능할 것인지 풍성하게 상상해볼 필요가 있다. 이를 위해서는 세계 대안교육의 다양한 실천들과 함께 교류하면서 서로의 경험을 나누고 실천을 확장해야 할 것이다.

지금까지의 논의가 개별 현장에게는 너무 무거운 이야기일지 모르지만, 그러므로 더욱 함께 연결하고 나누어야 한다. 각 현장의 개별적인 실천에 갇히지 말고 끊임없이 소통해야 할 것이다. 새로운 시도, 새로운 대안을 끊임없이 만들어가며 대안교육 30주년, 40주년, 100주년을 함께 맞이할 수 있기를 기대해본다.

(vol. 115, 2018. 1-2)

대안학교, 위기와 재도약 사이에서

'스압 주의' 세대

두 달쯤 전이다. 초등학생 자녀를 둔 학부모들을 대상으로 '미래교육'과 관련한 강의를 여러 차례 다녔다. 대략 5백여 명을 만났고, 강의 끝자락에는 묻고 답하는 시간도 가졌다.

"초등부터 대안학교 다니면 대학 진학은 어떻게 하나요?"

"대안교육에서 공교육으로 옮길 때 리스크가 적고 적절한 시기가 있을까요?"

"대안학교 졸업한 아이들의 진로가 궁금합니다."

이병곤 _ 제천간디학교 교장. 광명시평생학습원 원장을 역임했고, 경기도교육연구원에서도 일했다. 『넘나들며 배우기』를 우리말로 옮겼다.

이와 비슷한 질문이 지역을 가리지 않고 이어졌다. 그들의 공통점은 몇 가지로 축약된다. 첫 번째는 막연한 '교육 불안'이었고, 두 번째는 자신의 좋은 뜻을 실현할 '교육적 방향 찾기의 어려움'이었다. 지금 이건 아닌 것 같은데 새로운 무엇은 아직 나타나지 않았거나 무엇인지 모르는 상태에 놓인 갑갑함이 전해졌다.

지난 20여 년 간 우리나라 대안교육은 누군가의 '결단에 가까운 선택'이 우연하게 엉키고 뭉치어 일관된 힘으로 표출된 '사태'에 의지하여 존재했다. 당시에는 그렇게 하지 않으면 못 살 것 같은 시대정신에 노출되어 있었기에 '묻지도 따지지도 않고' 대안적 교육공간에 자녀를 선뜻 맡길 수 있었다.

이윽고 80년생이 왔다. 최근 대안학교를 선택하는 부모 세대의 출생연도다. 그들은 묻고 따진다. 내년에 우리 학교에 입학할 학생의 부모도 그랬다. 그들은 학교 설립자가 펴낸 저서, 웹사이트, 주변 지인들의 평가, 방학 중 캠프에 아이 보내기, 학교설명회와 학부모 특강, 가을축제 참관 등을 꼼꼼하게 챙겼다. 더구나 외동이를 키우는 부모에게 아이의 중등학교 선택은 아주 중요한 결정이다.

임홍택의 『90년생이 온다』를 읽었다. 의사소통을 간단히 줄여서 처리하는 것이 이 세대의 특징이란다. '스압으로 다 읽지 못하겠음. 세 줄 요약 바람.' 긴 글을 읽으려면 스크롤을 길게 해야 하니 압박감이 생길 터('스압'), 자기랑 소통하려면 간략히 줄이라는 말이다. 또한 이 세대는 '병맛'에서조차 재미를 느낀다. 극강의 정직함을 요구하는 것이 세 번째 특징이다.

예전부터 나는 세대론에 크게 공감하지는 않았다. 다만 변화의 징후를 잡아내는 지점으로 세대론이 지닌 설득력은 어느 정도 인정한다. 이들 90년생이 자녀를 중고교에 보내는 시점인 2030년에 대안교육 진영은 어떻게 변화해 있을까? 대안학교의 특징과 장점을 세 줄로 요약하고, 병맛 같은 재미를 느끼게 하면서 학교의 오점과 약한 부분마저 모두 드러내는 정직성을 발휘하도록 안내서를 만들어내려 할까?

시대정신과 교감하는 '대안'

돌이켜보면 1990년대에도 신세대는 등장했고, 그들을 중심으로 새로운 문화가 일어났다. 그 물결의 흐름을 타고 대안교육이라는 '판'이 형성된 것이다. 시대의 변화를 갈구하면서 작은 진폭이 일어날 때 그 앞에 커다란 앰플리파이어와 스피커를 들이댄, 민감성을 갖춘 소집단이 있었다.

거대한 문제들도 결국은 작은 움직임이 바탕이 되지 않으면 풀리지 않는다. (…) '질적'인 변화를 만들어가는 것, 이것에 우리들의 힘이 모여야 한다. 어차피 '확산'은 그것이 만들어진 다음에야 가능한 것이 아닌가? (…) 사람을 키우는 것이 지금 우리에게는 가장 중요한 일이다.

대안은 변화가 감지되는 시기마다 등장했다. 2019년 현재를 대안교육의 위기로 바라보면 곤란하다. 오히려 대안교육이란 우리가 순간마다 겪는 시대적 위기의식과 암묵적 대화를 나눈 다음 세워보는 행동계획에 가까웠다. 대안교육은 시대정신과 민감하게 교감하며 자기 존재를 확인하는 운명을 타고난 것이다.

대안교육이 위기를 맞고 있다는 진술은 '개별 대안학교 현장의 존립 위협'이 조금씩 더 확산되고 있는 현상을 뜻하는 것 같다. 위기risk는 위험danger과 다르다. 위기는 구조적으로 발생하고, 쉽게 극복되지 않으며, 그것을 이겨내려면 관련 당사자들의 협력이 폭넓게 요청된다. 실업이나 빈부격차, 민족 및 인종 갈등, 기후변화 같은 것이 대표적으로 위기 목록에 담겨 있다. 지금은 우리에게 닥친 위험신호의 의미를 간파하고, 곧바로 대응할 때이다. 대안교육의 진정한 위기는 그 사실을 외면한 채 아무런 행동도 하지 않을 때 확산될 것이다.

20여 년 간 대안교육 현장에서는 힘겨운 실천을 펼쳐내는 동

---

2 조혜정(1996), '대안교육문화, 어떻게 만들어갈 수 있을까?' 『학교를 거부하는 아이, 아이를 거부하는 사회』, 또하나의문화, 200~201쪽.

안 의미 있는 성취를 만들어냈다. 인턴십이나 여행을 통한 교육과정을 개발했고, 민주주의가 살아 숨 쉬는 교육현장을 가꿔왔다. 반면 현장교사의 피로감도 커졌다. 초인적 헌신과 강인한 신념을 지녔던 교육실천가들이 다른 곳으로 몸을 옮겼다. 외부의 변화 흐름을 감지하는 통로가 뉘엿뉘엿 끊겼다. 우리가 왜 현장에 있는지 설명하는 틀도 미약했다.

문제가 복잡하게 꼬일 때는 처음으로 다시 돌아가서 교육에 대한 근원적 사유를 펼쳐보는 자세가 필요하다. 인간의 본성은 무엇이고, 그것의 실현을 위해 우리에게는 어떤 교육이 필요한가? 아이들은 어떻게 배우는가? 학교는 어떻게 조직되어야 하는가? 교사는 누구이고, 서로 어떻게 소통할 것인가? 자유와 권위, 민주주의는 교육과 어떤 연관성이 있으며, 이들과 개인의 구체적인 삶은 어떻게 연결시킬 것인가?

어려운 주제를 내걸고 철학 토론을 벌이자는 이야기가 아니다. 학교가 어려울수록 차분하게 질문을 던져보고, 어디에서부터 문제가 비롯되었으며, 해결 방안은 무엇인지 논의를 시작해보자는 것이다. 교사들에게도 일종의 액션 러닝action learning이 필요하다. 이 학습법은 어떤 조직이 실제에서 부딪히는 문제를 동료들과 협력하여 풀어나가는 과정에 초점을 둔다. 특별한 실력자가 필요하기보다는 우리 안에서의 문제가 무엇인지를 또렷하게 드러내는 문제의식과 자발적 참여가 요구된다. 질문을 던지고 해결

책을 세워가기 위한 대화와 모색의 시간을 그동안 충분히 갖지 못했던 것이다.

위기 극복을 위한 통로

위기 극복을 위한 통로는 위기 생성의 원인 쪽으로 방향을 되짚어 나가면서 발견할 수 있지 않을까? 무엇보다 시대의 징후, 사람들의 요구를 읽어내는 눈이 필요하겠다. 예를 들어 공교육에 기대하는 학부모들의 입장이 단일하지 않다. 현행 대학입시 경쟁체제 안에서도 '그들만의 리그'가 이미 형성되어 있으며, 그런 경쟁이 자신의 자녀에게 어떤 의미가 있을지 회의하는 학부모들이 많다. 다만 그 회의의 정도가 공교육을 벗어나야 할 만큼 강력하지 않을 뿐이다.

부모들은 변화를 원한다. 교육적 변화를 발생시키는 지점, 대안학교의 매력과 당위에 대해 설득되고 싶어 한다. 그 가려운 지점을 속시원하게 긁어줄 전망과 희망의 언어가 우리에게 필요하다. 파울로 프레이리의 말대로 "희망이 없다면 우리는 투쟁을 할수 없다."

두 번째로는 80년생 학부모들이 의외로 대안학교나 대안교육에 대해 잘 모른다는 사실이다. 그들은 대안교육이라는 '용어'를 알고 있긴 하지만 그 '실체'를 정확히 인지하지는 못한다. 대안교육의 실체와 자기 자녀와의 삶을 연결 지을 수 있는 상상력도 부족하다. 막연히 불안하고, '이건 아닌데' 하며 직관적으로 느끼고는 있으나, 구체적으로 어떤 선택과 행동을 해야 할지 몰라 방황하고 있다.

세 번째로는 아이들의 배움 통로와 패턴을 더 잘 파악하고, 스스로의 학습을 선택하고 조직하기 위해 교사들의 안목을 키워가야 한다. 얼마 전 일본의 대안학교인 아이들의숲(こどもの森) 학교에서 교사와 학생 열다섯 명이 찾아와 일주일 동안 우리 학교에 머물렀다. 이들과 우리 사이에 소통의 다리를 놓아준 통역자는 2학년(중2), 6학년(고3) 재학생이었다. 두 아이는 일본 애니메이션에 폭 빠져서 수없이 반복 시청하는 동안 저절로 일본어와 친해졌다. 나는 아무리 특정 분야를 좋아해도 외국어를 스스로 배울 엄두는 못 낼 것 같은데, 아이들은 '무모하게' 시도하며 부딪힌다. 유튜브 영상을 보면서 반복 연습으로 멋진 기타 연주를 익힌 아이들도 여럿이다.

넷째, 무엇인가를 기획할 수 있는 교사, 또는 교사회가 되어야겠다. 체제나 틀 안에서 성실하려고 하는 대신 새로운 영역을 개척하거나 가장자리에서 중심을 깨뜨려보려는 시도를 해보길 권한다. 제천간디학교는 2017년에 긴 토론을 거치면서 교육과정을 대폭 바꿨다. 중1부터 고1에 해당하는 1~4학년 10명씩을 하나의 통합반으로 묶어 작은 규모의 생활과 학습 단위로 만들었다. 수

요일에는 아무런 정규 교과목을 배치하지 않고, 아이들에게 시간을 선물로 주었다. 아이들은 다양한 활동을 하면서 각자 자신의 책임 아래 시간을 배분해 사용한다. 교육과정 개편 가운데 이것이 아이들의 지지를 가장 많이 받았다. 여러 측면에서 교육과정 개편을 과감하게 할 수 있었던 배경에는 경험과 안목을 갖춘 교사들이 기획력을 발휘했기 때문이다.

끝으로 신뢰하고 교감하는 힘을 기르는 것이다. 이는 교사와 교사, 교사와 학생, 교사와 학부모 사이는 물론, 학교와 지역사회까지 모두에 적용된다. 소통의 질은 각 주체의 진정 어린 마음과 직결된다. 소통 사이에 교환되는 정보의 질과 등가성도 소중하다. 진솔함과 성실성을 보여줌으로써 신뢰의 바탕이 마련된다. 신뢰하면 교감하기가 더 쉬워진다.

진정한 리스크는 변화하는 현실을 과거의 고정된 잣대에 맞춰 편집한 뒤 그대로 인식하려는 완고한 태도에서 비롯된다. 특정 집단 안에서만 논리적 완결성을 갖추는 일은 별로 의미가 없다. 대안교육 바깥 세계에서 바라볼 때 충분히 매력적이어야 하고, 새겨들을 만한 메시지가 있는 집단으로 여겨져야 한다. 당면한 위기를 기회로 만들어낼 열쇠는 대안학교 현장들의 손에 쥐어져 있다.

(vol 126, 2019, 11-12)

대안교육운동의 새로운 지평을 바라보며

변화의 시기를 맞이하여

이 땅에 대안교육운동이 일어난 지 20여 년이 흘렀다. 삶이 곧 교육이다, 학교 밖에도 길이 있다는 외침이 이제는 새삼스런 말이 되었다. 학교와 교육에 대한 고정관념을 허물고, 부모와 아이들이 교육의 주체로 설 수 있게 한 대안학교운동은 국가주도가 아닌 시민이 주도하는 공공적 교육의 가능성을 보여주었다는 점에서 그 의미가 크다. 무엇보다 협력할 줄 아는 사람을 길러내는 교육을 나름 잘 해왔다는 데 자긍심을 가져도 좋을 듯하다.

그럼에도 최근 대안학교들 중에는 신입생 모집 정원을 채우지

현병호 _ 격월간 『민들레』 발행인. 『스스로 서서 서로를 살리는 교육』을 썼다.

못하는 현장이 늘어나고 있다. 혁신학교와 공립 대안학교의 영향도 적지 않지만, 대안학교에 대한 막연한 환상이 사라지고 있기 때문이기도 할 것이다. 초기에는 호의적인 기사 일변도였던 언론들도 이제는 비판적인 이야기가 더 기사거리가 된다고 여기는 듯하다. 지난 십여 년 동안 대안교육 현장이 내실을 다지는 작업을 잘 못한 탓도 있을 것이다. 함께 연대해서 풀어갈 일과 개별로 할 일을 잘 나누지 못하고, 부족한 역량으로 저마다 홀로 해결하려는 만용을 부린 측면도 없지 않다.

대안학교의 위기는 20년 전 대안교육운동 초기의 조건에 학교가 최적화되었기 때문이라고도 볼 수 있다. 부모 세대가 바뀌고 아이들도 달라지고 사회도 변화하는 등 조건은 계속 변하는데 거기에 유연성하게 대응하지 못하고 있다. 근대학교가 표준화를 위한 초기 근대화에 최적화된 시스템을 갖춤으로써 생명력을 잃은 것과 비슷하다. 처음에는 원하는 아이들만 받아들여도 정원을 채울 수 있었지만 점점 신입생이 미달하면서 평범한 아이들이 아닌 경계성 장애를 지닌 아이들 비율이 높아지고 있다. 과부하가 걸려 점점 힘들어지는 악순환에 빠진다.

한편, 몇 해 동안 지지부진하던 대안교육 법제화 움직임은 급물살을 타고 있다. 대안교육기관 신고제 또는 등록제가 시행되면 판도가 상당히 달라질 것이다. 국가가 공립학교와 사립학교 외 제3의 트랙을 인정하는 것으로, 기존의 학교가 아닌 교육현장도 교육기관으로 인정하는 중요한 변화가 일어나는 셈이다. 비인가 대안학교를 운영하거나 그곳에 아이를 보내는 행위가 더 이상 범법 행위가 아니게 된다. 학력 인정과 재정 지원이 이루어지면 학교가 안정되는 효과를 기대할 수도 있다.

초창기에 뜨거웠던 홈스쿨링운동은 사실상 기독교홈스쿨링운동으로 흐르는 추세다. 비기독교 가정들의 경우 결속력이 약해 운동성을 갖기 어렵다 보니, 지역의 몇몇 가정들끼리 교류하는 정도에 머무는 실정이다. 홈스쿨링은 그 장점이 적지 않음에도 여전히 소수의 선택지일 수밖에 없는 한계가 있다. 하지만 교육 생태계를 다양화한다는 점에서 홈스쿨링운동은 여전히 의미 있는 운동이다.

대안교육의 사회적 역할을 다시 짚어볼 시점이다. 단순히 일반학교를 대신할 수 있는 대안적인 현장 몇 개 만드는 것이 목적은 아니다. 이 땅의 모든 아이들이 사람답게, 자기답게 자랄 수 있는 교육환경을 만들자는 운동이기도 하고, 더 나아가 건강한 교육이 저절로 가능한 건강한 사회를 만들려는 움직임이기도 하다.

그렇다고 대안사회까지 운위할 필요는 없을 듯하다. 대안사회란 용어는 너무 추상적이고 광범위하여 마치 각종문제연구소 같은 애매모호한 인상을 준다. 사실 대안교육이란 말도 논란의 여지가 많은 말이지만, 대안사회란 말은 더욱 그렇다. 사회는 이미 내 안에, 우리 안에 들어와 있고 동시에 우리 모두가 사회를 구성하는 인자들이기에, 대안사회란 것이 따로 존재할 수는 없다. '대안적인 나'가 존재할 수 없는 것처럼. 단지 내가 변할 수 있듯이 이 사회가 변화할 수 있을 뿐이다. 우치다 타츠루의 비유를 빌자면, 우리는 자동차를 타고 가면서 차를 수리하지 않으면 안 되는 상황에 놓여 있다.

수리하지 말고 차창이나 닦으면서 이대로 주욱 갈 데까지 가자는 이들이 있는 반면, 힘들더라도 수리를 하자는 이들도 있다. 사회운동, 교육운동을 하는 이들은 후자인 셈이다. 문제는 수리 기술이다. 곡예에 가까운 고난이도 기술이 요구된다. 하지만 또 다른 관점에서 보면 쉬운 일일 수도 있다. 자동차와 달리 사회는 전일적인 유기체에 가까워 한 부분이 바뀌면 전체가 변화할 수도 있기 때문이다. 내가 몸담고 있는 곳에서 대안을 구현한다면, 지금 여기에 이미 대안사회가 구현될 수도 있다. 칼 포퍼가 말한 피스밀piecemeal 전략이 우리가 바라는 사회로 나아가는 가장 현실적인 방안일 것이다. 천리길이 한 걸음 한 걸음 속에 이미 들어 있듯이.

가르치고 배우는 것이 즐거운 일이 될 때 교육도 삶도 살아날 것이다. 신명이 살아 있는 교사가 아이들의 신명을 살릴 수 있다. '신명'이야말로 우리가 놓쳐서는 안 될 가치가 아닐까. 유아 시기에는 그 시기의 신명이 있고, 십대 시절에는 또 그에 어울리는 신명이 있다. 신명은 지금 여기에 존재할 때 저절로 솟아나는 것이다. 우리가 꾸는 꿈이 지금 여기에 이미 이루어지고 있음을 믿으며, 아직 오지 않은 미래를 지금 여기에서 살아야 한다.

우리가 꿈꾸는 사회를 위해 대안교육운동의 지평을 넓힐 때다. 기존 대안학교 중심의 운동 방식을 넘어서 새로운 운동의 물꼬를 터야 할 시점이다. 연령대로 보자면 유아와 이십대를 아우르는 운동이 될 필요가 있다. 유아교육과 청년교육에 새로운 바람을 일으켜야 할 때다. 지역적으로도 좁디좁은 한반도 남쪽에서 종북 논란으로 힘을 뺄 게 아니라 동아시아를 아우르는 시민연대 차원의 운동으로 나아가야 한다.

유아 시기의 교육 과잉에 대처해야 할 때

2013년도부터 누리과정이 3~5세로 확대 시행되면서 유아 단계에서 보육보다 교육 기능이 강화되고 있다.[1] "가구 소득이나 지역, 기관 유형에 상관없이 양질의 교육·보육 서비스를 균등하게 제공받을 수 있도록 하기 위해" 보조금을 지원하고 교육과정의 기본틀까지 제공하고 있는 누리과정은 국민복지를 위한 정책이

---

1 현재 우리나라 유아교육 체제는 교육부가 관할하는 유치원(만 3~5세)과 보건복지부 관할의 어린이집(0-만 5세)으로 이원화되어 있다. 유아교육과정과 표준보육과정으로 이원화되어 있던 교육과정이 2013년도부터 만 3~5세의 경우 누리과정으로 통합되면서 사실상 의무교육 기간을 만 3세로 낮추는 정책이 추진되고 있다.

라고 하지만 아이들의 삶을 고려할 때 바람직하지 못한 면을 더 많이 안고 있다.

5살 아이가 하루 5시간씩 바른 자세를 강요받으면서, 노래를 부르고 싶지 않아도 피아노 치면 노래를 불러야 하고, 하기 싫어도 색칠하고 글씨를 써야 하고, 쉬고 싶어도 쉬지 못하고, 화장실도 허락을 받고 줄서서 가야 하는 생활을 날마다 해야 한다면 이 아이의 삶이 행복할까? 이렇게 '관리'되는 아이들이 자라서 과연 '창의적인 인재'가 될 수 있다고 생각하는지 교육부와 복지부에 묻고 싶다. 30권이 넘는 누리과정 교사용 지도서는 유아들의 놀이를 아주 세밀하게 기획하여 활동이름, 활동목표, 활동방법, 활동평가 등으로 정리하고 있다.

교사의 주도하에 표준화된 놀이는 이미 놀이가 아니다. 어린 아이들에게 필요한 것은 자유로운 놀이와 충분한 잠, 애정 어린 보살핌이지 교육과 관리가 아니다. 누리과정이 안고 있는 근본적인 문제는 아이들을 교육의 대상으로 보고, 게다가 표준화된 교육과정을 제공하는 데 있다. 표준 교육과정은 교육의 질을 일정 수준으로 보장하는 효과가 있지만, 창의적이고 살아 있는 인간을 위한 것은 아니다.

부모들의 노동시간을 더 늘이기 위해 아이들을 더 오래 붙들어두는 정책은 아이들의 건강한 성장을 위해서나 사회 발전을 위해서도 바람직하지 않다. 어린아이들일수록 부모와 더 오랜 시간을 보낼 수 있도록 정책을 만들어가야 한다. 어쩔 수 없이 유아교육기관에 맡겨야 할 때에도 교육보다는 보육에 더 중점을 두어야 마땅하다. 현재는 교사 일인당 원아 수도 너무 많다.[2]

작은 규모의 어린이집이나 품앗이 형태의 돌봄 현장도 국가가 인정하고 지원할 필요가 있다. 어린아이들일수록 돌봄의 손길이 더 필요하고, 작은 규모일 때 더 질 높은 돌봄이 가능하다. 재정지원도 기관을 지원하는 방식이 아니라, 부모가 아이를 직접 돌볼 때에도 보조금을 지원하는 것이 바람직할 것이다. 교육기본권을 보장하는 의무교육과 마찬가지로 무상보육제도가 만들어져야 한다.

기관에 보조금이 지급되면서 아이들에게 쓰레기 급식을 주고 보조금을 횡령한 어린이집 원장이 구속되기도 하고, 아파트 단지 내 어린이집 운영권을 수천만 원에 넘긴 일당이 구속되기도 한다. 현재 운영 중인 어린이집의 경우 원아 한 명당 2백만 원 안팎의 프리미엄이 붙는 실정이다. 아이들이 돈벌이 수단이 되다시피 한 이런 현실을 바로잡으려면 국가의 보육정책이 바로 서야 하지만 동시에 부모들의 의식이 바뀌어야 한다. 아이들 성장에 정말 중요한 것이 무엇인지에 대한 공감대를 넓혀가야 한다.

---

2 서울의 경우 한 반(교사 일인당) 원아 수가 3세는 18명, 4세는 24명, 5세는 28명으로 정해져 있다.

공동육아운동이 사실상 유아 단계의 대안교육운동이지만, 그 혜택을 누릴 수 있는 아이들은 얼마 되지 않는다. 일반 어린이집과 유치원도 대안교육이 관심을 기울여야 할 중요한 영역이다. 생태유아교육학회를 중심으로 생태적인 교육환경을 추구하는 어린이집과 유치원들이 네트워크를 이루고 있지만, 운동성은 약한 편이다. 공동육아 방식을 선택하기 어려운 이들을 위한 대안 마련에 좀더 관심을 기울일 필요가 있다. 서울의 꿈땅어린이집, 자연어린이집처럼 공동육아 방식이 아니어도 좋은 어린이집들이 적지 않다. 육아협동조합 방식도 다양하게 할 수 있다.

대안교육운동은 유아교육운동, 보육운동과 연결되어야 한다. 큰 아이들은 학교나 집을 뛰쳐나가기라도 할 수 있지만 어린아이들은 그럴 수도 없다. 학대를 받으면 당할 수밖에 없는 것이 어린아이들이다. 교육 과잉 또한 아동학대의 한 모습이다. 제대로 놀지도 쉬지도 못하고, 잠을 충분히 자지 못하면서 자라는 아이들이 건강한 어른으로 자라나기는 힘들다.

서구의 대안학교들 경우에는 유아교육 현장을 겸하는 곳이 많다. 꽃피는학교나 발도르프학교들처럼 유아과정과 연계된 대안학교들도 있지만, 많은 대안학교들은 대체로 유아교육에 무관심한 편이다. 90년대 후반 대안교육운동이 시작될 무렵 중고등 과정의 대안학교들부터 만들어진 때문이기도 할 것이다. 이제부터라도 유아교육에 눈을 돌리는 대안교육 현장이 늘어나기를 기대한다. 사실상 중고등 과정의 대안교육은 뒷북치기에 가깝다. 유아와 초등 시기에 제대로 성장한다면 중고등 과정은 어디를 선택하든 괜찮을 것이다.

단기 자유학교를 만들자

아이들의 꿈과 끼를 살려주자면서 박근혜 정부에서 시작한 자유학기제는 중학교 1학년 때 시험 부담 없이 자유롭게 진로 탐색과 적성에 따른 다양한 활동을 할 수 있도록 하는 제도다. 시범운영을 거쳐 2016년부터는 모든 중학교에서 시행되고 있다. 취지는 좋지만, 많은 아이들의 현장체험 활동을 받쳐줄 사회적 인프라가 갖춰져 있지 않다 보니, 단체로 하는 체험활동은 수박 겉핥기 식 시간 때우기에 그치기 십상이다.

십대 시절에 어떻게 살 것인지 생각하면서 자신과 사회를 탐구할 시간을 갖는 것은 절대적으로 필요하다. 그러기에 중1 시기는 이른 감이 있다. 대학입시에서 그나마 먼 학년을 대상으로 하다 보니 그렇게 정해졌을 것이다. 그보다는 현행 교육과정 안에서 시험을 없애고 수업시간을 줄이고 다른 활동을 할 수 있게 하는 것이 보다 나은 대안일 것이다. 그리고 좀더 여유 있게 길찾기 시간을 갖고 싶은 아이들의 경우 따로 일 년 정도 덴마크식 애프터스콜레 같은 자유학교를 다닐 수 있게 하는 것도 좋은 방안이다. 덴마크의 경우 중학교 졸업 후 고등학교 진학 전에 일 년 동안 자유로운 길찾기 과정을 돕는 애프터스콜레가 160여 개 있어 전체 학생의 10퍼센트 정도가 그 과정을 거친다.[3]

이와 비슷한 현장들이 우리 사회에도 있다. 공간민들레의 경우 2006년도부터 14~19세 청소년들을 대상으로 1년 과정의 길찾기 과정을 운영하고 있다. 서울시교육청과 몇몇 대안교육 현장이 손잡고 서울 지역의 고등학교 일학년을 대상으로 오디세이학교라는 1년제 학교를 만들었는데, 공교육과 대안교육의 협력 모델로 주목받고 있다.[4] 경남, 전남, 충북 교육청에서도 비슷한 시도를 하고 있다.

몇 해 전 민들레에서 '틈새학교를 만들자'는 취지의 기획을 계기로 관심 있는 이들이 몇 차례 모임도 갖고, 자전거학교[5]를 구상하는 이들이 과천 지역에서 모임을 갖기도 했는데, 구심점이 만들어지지 못하고 흐지부지되고 만 것은 안타까운 일이다. 로드스꼴라 같은 여행학교들은 오랫동안 상당한 호응을 얻고 있다. 아

---

3 오마이뉴스 오연호 대표가 덴마크 애프터스콜레에서 영감을 받아 2016년 강화도에 문을 연 꿈틀리인생학교는 기숙형으로 운영되고 있다. 2019년에는 전남 신안군과 함께 비금도에 성인들을 위한 섬마을인생학교를 열었다. 한편 이우학교 부설 함께여는 교육연구소에서는 2016년에 열일곱인생학교라는 1년 과정의 학교를 열었다.

4 서울시교육청과 공간민들레, 꿈틀학교, 하자센터 등이 2015년부터 함께 꾸려가고 있는 틈새학교인 오디세이학교는 학력이 인정되는 대안교육과정이다.

5 이치열, '또 하나의 상상, 자전거학교 그리고 바이쿱', 『민들레』 76호.

이들에게 1년 동안의 방학을 주자는 취지로 그룹 홈스쿨링 방식으로 운영하는 '꽃다운친구들'이라는 단체도 주목할 만한 모델이다. 십대들의 길찾기를 돕는 다양한 색깔의 단기 자유학교들은 대안교육운동에 새로운 흐름을 만들어낼 수 있을 것이다.

대안학교가 굳이 3년제, 6년제, 12년제 학제를 갖출 필요는 없다. 긴 시간을 함께하면서 깊은 관계를 맺는 것도 아이의 성장에 필요하나, 그런 기회를 누릴 수 있는 아이들은 많지 않은 것이 현실이다. 1~2년이란 시간은 너무 짧아 교육성과를 제대로 거두기 어렵다고 여길 수도 있지만, 성장기 아이들에게는 일 년도 꽤 긴 시간이고, 그 동안에도 상당한 변화가 일어난다. 공간민들레를 드나드는 아이들의 변화 모습을 봐도 일 년이란 시간은 결코 짧지 않은 시간이다. 일 년 뒤 어떤 길을 가든 그 아이의 삶에서 중요한 변화의 계기가 마련될 수 있다.

길찾기를 주제로 한 애프터스쿨레 모델은 주말학교 형식으로도 가능하다. 경기도교육청이 시도하고 있는 꿈의학교가 그런 모델이다. 방과후학교나 주말학교, 방학을 이용한 캠프 형식의 학교도 대안학교 범주에 포함시키는 것이 바람직하다고 본다. 대안학교를 전일제로 국한해서 바라보는 지금의 시각은 좀더 확장될 필요가 있다. 주말학교 방식은 많은 아이들에게 현실적인 대안이 될 수 있고, 전일제 못지않게 아이들에게 긍정적인 영향을 미칠 수도 있다. 현재의 대안학교 방식에 연연하지 말고 아이들을 도울 수 있는 다양한 방식을 찾는 것이 필요하다. 대안학교를 꿈꾸다가 보습학원을 열어 지역 아이들에게 대안적인 교육 기회를 제공하고 있는 '학꿈세(학생이꿈꾸는세상)' 같은 현장도 일종의 방과후 대안학교라고 볼 수 있다.

단기 자유학교는 십대 청소년들뿐만 아니라 이십대 청년들을 위해서도 필요하다. 오늘날 진로교육은 사실상 이십대 청년들에게 가장 절실한 실정이다. 대학 휴학생들이 갈수록 늘고 있는 것은 방황하는 젊은이들이 그만큼 많다는 얘기다. 십대 시기에 인생 공부를 할 수 있는 기회를 갖지 못한 때문이기도 하고, 사회 진출이 그만큼 어려워진 때문이기도 할 것이다. 길찾기를 도와주는 단기 자유학교들이 늘어나면 이십대를 방황하며 보내는 젊은이들이 훨씬 줄어들 것이다.[6]

덴마크의 시민대학(폴케호이스콜레)은 일반 대학에서 경험하기 힘든 교육과정을 열어놓고 있다. 교사공동체에서 운영하는 트빈스쿨 같은 여행학교나 자유사범대학은 청년들을 위한 대안대학으로서 좋은 모델이다. 최근 우리나라에 생겨난 '열정대학' 같은 모델도 눈여겨볼 만하다. 인생학과, 팟캐스트학과 같이 뜻 맞는 이들끼리 원하는 학과(동아리라고 보는 것이 맞을 것이다)를 개설할

---

6 2015년에 '자유로운 지식의 생산과 소비 운동'을 모토로 서울 은평 지역에 문을 연 지식순환협동조합은 2년 과정으로 운영되는 대안대학으로 청년들에게 좋은 반응을 얻고 있다.

수 있도록 마당을 펼쳐놓아 휴학생들뿐만 아니라 재학생들도 꽤 참여하고 있다. 한 대학의 동아리만으로 개개인의 다양한 욕구를 충족하기 어려운 변화된 현실을 반영하는 현상이기도 할 것이다. 대학 진학이냐 아니냐 식의 이분법적 발상, 또는 대안대학이라는 무거운 이름과 형식에 얽매이기보다 이십대 감성에 맞는 유연한 접근이 필요하다.

동아시아를 무대로 활동하는 청년들을 길러내자

아시아는 오늘날 세계에서 가장 경제가 활발한 지역이다. 한편 고도성장기를 지나 정체기에 접어든 한국과 일본의 경우는 청년의 진로 문제가 발등의 불이다. 서구의 경우도 다르지 않다. 아직 고도성장기에 있는 동남아시아의 경우 청년들의 진로가 그다지 문제되지 않을 수 있지만, 이들 또한 머지않아 우리의 전철을 밟을 가능성이 높다. 이 지역에서 대안교육이 활성화되기에는 시기상조이겠지만, 우리의 시행착오를 타산지석으로 삼아 좀더 나은 길을 걸을 수 있게 도울 수 있을 것이다.

이전과 달리 다국적 자본이 판치는 글로벌 경제체제에서 지역사회의 건강성을 지키려면 시민 차원의 국제적인 연대가 절실하다. 아시아 지역의 민주교육 현장들을 매개로 한 시민연대가 만들어진다면 민간 차원의 이해와 교류가 한층 활발해질 것이다.

동아시아가 돈벌이에 눈먼 자본가들의 무대가 아니라 깨어 있는 시민들이 우정을 나누는 무대가 되도록 힘써야 할 책임이 대안교육 현장들에게 있지 않을까. 일본이 나서기는 어렵고 중국이 나설 수도 없다. 때마침 불고 있는 한류 바람을 활용하는 것도 나쁘지 않을 것이다. 간디학교를 비롯해 여러 대안교육 현장들이 동아시아 곳곳에 센터를 두고 있다. 이들 현장과 현지 교육활동가들이 네트워크를 이루면 어려운 일이 아닐 것이다.

아시아는 경제가 활발한 만큼 민주화에 대한 열망이 가장 높은 지역이기도 하다. 경제력이 나날이 커지고 있는 중국 또한 머지않아 교육의 민주화 바람이 불 것이다. 지금 일본의 우경화 속에서 한중일 간에 긴장이 고조되고 있는데, 이 상황을 바꿀 수 있는 힘은 깨어 있는 시민들의 연대 속에서 나올 것이다. 최근 동아시아 상황이 일차대전 전 유럽 상황과 비슷한 양상이라는 분석이 나오고 있다. 핵 문제, 영토 문제를 비롯해 동아시아의 갈등을 풀고 평화와 화합을 위해 나서야 할 사람은 누구보다 이 지역의 깨어 있는 시민들이다.

2차대전 후 유럽이 그러했듯이 지식인들과 시민들이 과거를 성찰하고 반성할 수 있는 계기가 동아시아의 경우에는 별로 없었다. 나치의 만행을 고발하면서 인간성을 되돌아보게 하는 영화는 지금까지 수없이 만들어졌지만 일본군의 만행을 고발하는 영화는 별로 없었다. 서구와 달리 당장 먹고사는 문제에 매달리다 보니 과거를 돌아볼 겨를이 없었기 때문이기도 할 것이다.

우경화와 대립을 막는 힘은 휴머니즘에 기반한 문화에서 생겨난다. 인간의 나약함에 대한 연민과 서로를 살리는 인간성에 대한 믿음을 일깨우는 문화의 힘이 필요하다. 보통 사람들이 자신을 성찰할 수 있는 계기로 영화만한 매체도 없을 것이다. 대안교육 출신 젊은이들 중에 영화인들이 적지 않은데, 인간에 대한 연민과 성찰이 담긴 영화를 이들에게 한번 기대해볼 일이다.[7]

미국과 서구 중심의 세계관에서 벗어나 동아시아에 새롭게 눈뜰 때가 되었다. 머지않은 미래에 동아시아 경제블록이 만들어져 유로 같은 단일통화권이 될지도 모른다. 적어도 한국과 중국은 한층 긴밀한 관계를 맺게 될 것이다. 이는 한반도의 통일 문제와도 직결된다. 자주 통일이 비현실적인 꿈이라 할지라도 통일을 대비하는 노력만큼은 자주적으로 해야 한다. 이는 사실상 대안교육 진영이 해야 할 시대적 소명일 수 있다. 통일 한국은 우리가 지금까지 살아온 사회와 사뭇 다른 사회가 될 것이다. 아이들의 미래가 달려 있는 일이다. 아이들이 살아갈 사회를 어른들이 만

---

7 한중일 갈등이 고조되면서 한국 방통위와 중국 광전총국 사이에 한중 합작으로 731부대를 소재로 한 드라마나 영화를 만들자는 이야기가 오갔다고 하는데, 정부 차원에서 기획되는 시나리오는 일본의 만행을 고발하는 단순한 선악 구도에 머물 가능성이 많다. 이는 멀리 볼 때 별로 바람직하지 않다. 한중 국민들에게 일본에 대한 적개심을 부추기고 정작 일본의 시민들에게는 외면당하는 영화가 되어 평화의 길에서 더 멀어질 수도 있다. 일본에서도 상영될 수 있는 감동적인 영화를 만들 수는 없을까.

들어줄 수는 없지만, 그들이 자라서 더 좋은 사회를 만들어갈 수 있도록 도와줄 수는 있다.

이제 대안교육의 지평을 넓히자. 지금 아이들의 신명을 억누르는 것이 무엇인지 다시 눈을 크게 뜨고 살펴보자. 해야 할 일이 보일 것이다. 그동안 대안교육운동이 대안학교 중심으로 진행되면서 학교 프레임에 갇힌 면이 있다. 공교육을 대신할 수 있는 학교를 만들려다 보니 공교육 학제와 유사한 학제를 만들게 되었고, 전일제 학교 위주로 대안학교운동이 이루어지면서 다양성이 줄어들고 운동성이 떨어졌다. 공부방과 방과후학교들도 훌륭한 대안교육 현장이 될 수 있고, 실제로 그런 현장들이 많이 있다. 주말학교나 캠프, 일 년 과정의 단기 학교 등 실제 아이들에게 필요한 다양한 현장들이 네트워크를 이루어 다양한 교육생태계를 구성하는 것이 바람직하다. 비슷한 사람들끼리 비슷한 방식으로 모여 비슷한 교육을 하는 대안교육이 되어서는 안 된다. 교육생태계를 풍성하게 만들어가자. 대안교육을 위해서가 아니라 이 땅의 아이들을 위해서.

(vol. 91, 2014. 1-2)

대안학교의 진화를 상상하다

안녕하세요. 간디학교 설립자 양희규입니다. 저와 제 동료들이 1997년 경남 산청에서 간디학교를 시작한 지도 21년이 지났습니다. 저는 필리핀에 간디국제학교(고등과정)를 열고 7년째 살고 있습니다. 거리나 공항에서 필리핀 사람들을 만나면 제게 필리핀어로 말을 걸 만큼 현지인이 되다시피 했습니다. 어떤 한국인들은 저를 보고 "저 필리핀 사람은 어떻게 한국말을 저렇게 잘합니까?" 그러기도 합니다.

그동안 필리핀간디학교에 오는 학생들과 학부모들을 만나면

양희규 _ 1997년 산청 간디청소년학교를 시작으로 금산간디학교, 간디어린이학교 등을 설립했다. 2011년 필리핀 두마게티에서 필리핀간디학교를 시작한 후로는 주로 필리핀에 머물고 있다.

서 지난 몇 년 새 한국사회가 크게 변했다는 것을 실감하고 있습니다. 제가 만난 사람들을 통해 한국 대안교육의 미래를 짐작할 수 있었습니다. 한정된 경험에 근거한 짐작일 수도 있지만, 한국에서 계속 살고 있는 사람들이 느끼지 못하는 것을 제가 더 예민하게 느낄 수도 있을거라 생각하고 읽어주시면 좋겠습니다. 제 의견이 더 많은 분들과 한국의 교육에 대해 토론하고 의견을 모아갈 수 있는 계기가 되길 바랍니다.

대안학교의 평균수명이 다한 걸까

한국에서 대안교육의 역사는 곧 대안학교의 역사였다고 할 수 있습니다. 서구에서는 68혁명 이후 20여 년간 프리스쿨 붐이 일었는데, 한국의 대안학교 역시 20여 년 만에 쇠퇴기에 접어든 게 아닌가 싶습니다. 앞으로 살아남는 대안학교는 사실상 대안학교로서가 아니라 개별 학교의 장점이나 특성 때문에 존립하는 학교로 보아야 할 것입니다.

이런 흐름에는 대안학교 자체보다 사회의 변화가 더 크게 작용한다고 봅니다. 유아와 청소년 인구가 줄고, 중산층 인구가 감소함에 따라 실제 대안학교 수요층이 줄어들고 있습니다. 또한 공교육의 대안이라 할 수 있는 혁신학교들이 대거 생겨나면서 대안학교를 선택하는 사람들이 더욱 급격히 줄어드는 것 같습니다.

몇 년 전부터 저는 몇몇 탁월한 학교들만 살아남게 될 것이라고 말해왔습니다. 하지만 대학입시가 코앞에 있는 고등학교의 경우에는 탁월한 학교조차도 개별 학교로서 살아남기 쉽지 않은 상황이 온 것 같습니다. 비인가 고등과정의 경우, 엘리트 교육을 하고 있는 일부 기독교 대안학교나 수월성을 추구하는 학원 형태의 대안학교 말고는 존립이 어렵지 않을까 싶습니다. 미국의 중고등학교 교과서를 그대로 사용하고, 원어민이 수업을 진행하고, 졸업 후 미국의 우수한 대학에 진학할 수 있도록 준비시키는 기독교 대안학교 말고, 인간교육과 창의성교육에 초점을 맞추고 자신의 재능과 관심이 무엇인지 탐구하는 데 많은 시간과 노력을 기울이는 순수한 비인가 대안학교들은 고등과정의 경우 앞으로 더욱 어려워질 듯합니다.

현재 한국의 부모들은 자녀들을 비인가 대안학교에 보내는 것에 대해 예전보다 더 불안해하는 것 같습니다. 아이들의 인성이나 창의성 같은 것은 배부를 때 하는 이야기고, 지금은 일자리가 무엇보다 중요하다는 겁니다. IMF를 겪고 88만원 세대를 경험하고, 대학을 졸업한 청년의 다수가 취업을 못하는 사회를 보면서 부모들은 이상을 포기하고 현실을 선택하는 듯합니다. 인성이나 창의성은 일단 급한 불을 끈 뒤에 생각해도 된다는 겁니다.

학생들도 크게 변했습니다. 오늘날의 청소년들은 안락한 삶을 결코 포기하고 싶어 하지 않습니다. 겉보기에는 과거의 청소년들보다 착하고 부모 말도 잘 듣는 이 아이들은 집을 떠나서 기숙사 대안학교로 갈 마음이 전혀 없습니다. 안락한 집, 편안한 자기 방, 함께 놀 수 있는 동네 친구들로 이루어진 환경을 떠나는 것은 죽을 만큼 힘든 일입니다.

비단 청소년만의 얘기가 아닌 것이, 초등대안학교에서도 들살이나 여행수업을 싫어하는 아이들이 점점 늘고 있다 합니다. 직접 밥해 먹기도 힘들고, 불편한 잠자리도 싫고, 벌레에 물려가며 자연 속에서 뛰어놀기도 싫다는 거지요. 아이들은 지극히 현실적인 욕구들에 매달려 있습니다. 자신이 좋아하는 집, 가구, 가전제품, 음식, 친구 등등 잘 짜인 세트 메뉴에 익숙해져 거기서 한 치도 벗어나고 싶은 마음이 없는 겁니다.

이런 아이들을 특히 기숙사 대안학교로 보내면 정말 못 견딜 지경이 됩니다. 방을 청소할 마음도 없고 (자신의 방이라고 여기기 않고 단체숙소쯤으로 여기기 때문에) 밤에는 기숙사를 탈출하여 평소 집에서 즐기던 것처럼 치킨집과 게임방에 가 있습니다. 이들에게는 이것이 일반적인 생활이기 때문입니다. 과거와는 달리 올해 필리핀간디학교에 지원했던 학생들 중 다수가 합격을 하고도 입학을 취소했습니다. 부모들이 입학을 권해도, 아이들이 자신의 둥지를 떠나고 싶지 않은 겁니다.

교육운동 차원에서 대안학교를 지원했던 초창기와는 다르게, 최근에는 집이나 공교육에서 감당하기 힘든 아이를 둔 부모들이 대안학교를 찾는 경우가 늘고 있습니다. 그런데 이런 아이들은 (어떤 형태든) 학교라는 곳을 가고 싶어 하지 않습니다. 부모 손에 끌려서 억지로 오는 학생들이 점점 늘고 있는 것 같습니다. 그리고 이런 아이들을 받아들인 대안학교들은 갈팡질팡하게 됩니다. 도대체 어떻게 교육해야 할지 난감하기 때문입니다. 억압된 공교육을 벗어나 자유로운 분위기에서 마음껏 뛰어놀기만 해도 많은 부분 치유되었던 이전과는 다른 양상입니다.

부모들은 교육의 소비자로서 요구하는 것이 과거보다 많고, 아이들은 손길을 더 많이 필요로 하고, 교사들은 지쳐가고, 학생 수 격감으로 재정은 어렵고, 그러다 보니 또 부모들은 기대에 차지 않아 불만을 쏟아내고, 이런 악순환 속에서 갈등 상황에 놓이거나 교사들이 떠나거나 결국 학교가 문을 닫을 만큼 어려운 상황에 이르게 됩니다.

대안학교의 진화 방향

이런 사회적 변화 속에서 대안학교들은 어디로 가야 할까요? 비인가 대안학교가 선택할 수 있는 길은 크게 세 가지인 것 같습니다. 인가를 받아 정규학교가 되는 길, 어려운 아이들을 위한 학교로 탈바꿈하는 길, 그리고 아예 학교의 틀을 깨고 새롭게 진화하는 길입니다.

우선 인가를 받는 것은 그리 쉽지 않은 길입니다. 지자체마다 학급 수가 줄고 학생이 줄고, 있는 공립학교도 없어지는 상황에서 새로운 학교를 인가해준다는 건 앞뒤가 맞지 않는 일이니까요. 특성화학교 법이든 대안학교법이든 만일 법적 인가를 받을 수 있다면 이건 학교가 존속할 수 있는 가장 좋은 길입니다.

그런데 도시에 있는 대부분의 대안학교들은 시설 기준 등을 만족시키지 못해 인가를 받을 수 없기도 하고, 또한 (초등대안학교의 경우에는 더욱) 대부분의 교사들이 교사자격증을 갖고 있지 않기 때문에 교원 기준 미달로 자격을 획득하기 힘듭니다.

한편 시골의 대안학교들은 시설 기준을 대체로 충족할 수는 있지만, 역시 교사자격증 문제도 있고, 시골에 학생들이 없어서 폐교를 하는 판에 새로운 학교를 인가해주려고 하지 않을 겁니다. 인가를 받으려면 그럴듯한 명분이 있어야 하는데, 가장 좋은 방법은 시대의 요구에 부응하고 학생들이 바라는 특성을 띤 학교를 제시하는 겁니다. 음악이나 영화, 미술 같은 문화예술 분야나 시민교육 등 대안학교 교육과정의 특성과 장점을 살려 지자체가 유치하고 싶어할 만한 학교를 제시하고, 요즈음 학생들이 오고 싶어 할 만한 학교를 보여주어야 한다는 겁니다. 뿐만 아니라 이런 종류의 대안학교에 대한 특별한 관심과 애정이 있는 시도교육감을 찾아내야 할 것입니다. 교육감의 강한 의지 없이 새로운 인가는 생각하기 어렵습니다.

다음으로는 자연스러운 수요에 부응해 경계성 장애나 기타 어려움을 지닌 아이들을 위한 학교로 전환해가는 겁니다. 그러기 위해서는 학교의 성격이나 정체성이 달라지는 것에 대한 확고한 입장을 정리하고 특수학교로서의 철저한 준비를 해나가야 합니다. 이러한 학교의 정체성이 확립되려면 특수교육으로도 분류되기 어려운, 약간의 자폐나 과잉행동증후군이나 다소 발달이 늦은 아이들을 교육하고자 하는 교사들의 결단이 있어야 할 것입니다.

이런 결단이 있고 나면 개별 교사들이 적어도 1~2년 준비를 해나가야 합니다. 상담심리 공부, 의사나 병원과 연계한 정신치료 및 해독치료, 예술치료 공부 등이 필요합니다. 과거처럼 교사 개인의 열정이나 노력만으로는 되지 않습니다. 보다 전문적이고 구체적인 공부가 필요합니다. 많은 아동들이 중금속이나 독성 화학물질에 중독되어 있고 그로 인해 심리이상을 일으키고 있어서 의학적인 배경 지식과 병원과의 연계 등도 중요한 준비의 일부가 되어야 합니다. 그간 해오던 것들을 살려 교사들이 연극이나 뮤지컬, 원예, 음악, 미술, 사진, 영상 등 예술치료 공부를 하는 것도 필요합니다.

한 가지 덧붙일 것은 이러한 특수학교는 학생에 비해 많은 수의 교사가 필요하므로 학비가 현재의 대안학교보다 두 배 정도는 되어야 운영이 가능할 것으로 보입니다.(서구의 경우 기숙사 비용이 없더라도 학비만 최소 월 100만 원 이상을 받고 있습니다.) 이에 대해서는 명분을 확실히 하여 국가의 지원도 이끌어내야 할 것입니다.

홈스쿨링 지원센터 혹은 배움의 네트워크

그런데 지금의 교육 상황에서 특성화학교도 아니고, 힘든 아이들을 위한 특수학교도 아닌 다른 길이 있을까요? 새로운 상상력이 필요한 부분입니다. 두 가지 측면을 고려해 보아야 할 것 같습니다. 이 두 가지는 자연스레 연결됩니다. 우선 하나는 여러 나라에서 가장 성공적인 대안교육 유형이 홈스쿨링이라는 것, 다른하나는 요즈음의 탈학교 학생들은 더 이상 어떤 학교에도 가기싫어한다는 점입니다.

미국의 경우, 홈스쿨링 아동 청소년이 2백만 명에 이릅니다. 수도 수이지만 주목할 점은 홈스쿨러들이 정규학교 학생들에 비해 학구적인 평가나 대학 입학시험에서 더 뛰어난 성적을 거둘뿐만 아니라 사회성 면에서도 더 뛰어나다는 점입니다. 좀 더 노골적으로 말하면 홈스쿨링을 한 학생들이 공립학교 출신보다 더좋은 대학에 들어가고, 사람들과 관계 맺기도 잘하고, 나중에 소득 수준도 더 높다는 이야깁니다. 원하는 것을 집중해서 공부하고 부족한 부분은 개인적으로 채워나갈 여지가 많으니까 학업 성적이 좋습니다. 입시 준비에만 매달리는 일반 학생들에 비해 실제로 폭넓은 경험과 사회적 교류 기회를 갖다 보니 사회성도 발달합니다.

최근에는 많은 학생들이 학교 가는 것을 거부하는 양상을 보입니다. 학교가 너무 따분하고 재미없다는 거죠. 웬만한 것은 유튜브를 통해 다 배울 수 있는데 왜 굳이 학교를 가야 하는지 모르겠다는 겁니다. 일반학교만 매력이 없는 게 아니고 대안학교도 매력을 잃어버렸습니다. 요즈음 아이들은 일반학교를 포기하더라도 과거와 달리 대안학교에 가려고 하지 않습니다. 답답해서 학교를 나왔는데 굳이 다른 학교에 다시 들어갈 필요가 없다는 거죠.

대안학교도 학교라서 정해진 규칙이나 이수해야 할 교육과정이 너무 많습니다. 말도 많고, 갈등도 많고, 하고 싶지 않은 명상이나 도보여행, 농사일을 하고, 끝이 나지 않는 회의를 하면서 민주교육 운운하는 것이 아주 피곤한 거죠. 특히 도난이나 폭력 같은 민감한 사건이 일어나면 며칠씩 둘러앉아 회의를 하는데, 문제를 해결하지도 못하는 회의를 끝없이 하면서 다들 지치기만 하는 겁니다.

이런 상황을 고려할 때, 그리고 그럼에도 여전히 많은 탈학교 학생들이 생겨나고 있는 점을 고려할 때 이제 대안교육은 홈스쿨러들이 찾아가 도움을 받을 수 있는 일종의 '홈스쿨러 지원센터' 형태로 진화할 때가 아닌가 싶습니다. 홈스쿨러 지원센터는 '학교' 형태여서는 안 됩니다. 아이들이 집에 있다가 간혹 부담 없이

들를 수 있는 일종의 문화공간이어야 합니다. 쉽게 말해서, 청소년들이 부담 없이 갈 수 있는 카페나 베이커리 혹은 문화의 집 같은 곳이어야 한다는 거죠. 로드스콜라처럼 국내와 국외를 여행하고 배우는 형태가 될 수도 있겠죠.

이제 교육은 학교의 관점이 아니라 라이프 스타일의 관점에서 보아야 합니다. 청소년 카페는 학교를 떠난 친구들 혹은 떠나고 싶은 친구들이 들르는 곳이지요. 학교를 떠난 친구들의 경우 집에만 있기 어려우니, 일주일에 몇 번 들러 이야기도 나누고 카페가 주선하는 문화행사에도 참여하면서 자연스레 친구를 사귀는 거죠. 카페는 각 가정 단위에서는 충족하기 어려운 것을 채워주는 역할을 하게 될 것입니다. 때로는 부모 역할을 하면서 조언도 해주고, 상담도 하고, 학습계획 짜는 것도 도와주고, 무엇보다 친구를 만나게 하는 프로그램을 다양하게 운영할 수 있지요. 홈스쿨러들을 위한 강연회, 파티, 연주회, 스포츠, 각종 동아리 활동을 지원할 수 있습니다. 그리고 온갖 종류의 배움과 연결해줄 수 있습니다. 다방면의 전문 강사를 연결해줄 수 있고, 스터디 그룹을 만들어줄 수도 있습니다. 제가 말하는 홈스쿨링 센터는 온갖 정보를 나누고 공유하고 얻을 수 있는 복합문화공간으로서의 네트워크를 말하는 것이지요. 여기서 카페지기들은 교사가 아니라 코디네이터 역할을 하는 것이고요.

시골에 있는 대안학교들은 어떻게 진화가 가능할까요? 홈스쿨러들이 며칠 또는 몇 달씩 머물면서 친구를 만나고, 학습에도 집중할 수 있고, 때로는 함께 여행도 하는 대안적 청소년 교육공간으로 변모하는 것은 어떨까요? 물론, 공교육에 있는 학생들도 주말이나 방학을 통해 자유롭게 경험할 수 있는 공간이어야 할 것입니다. 대안학교에 입학하지 않더라도 대안교육을 경험할 수 있는 기회를 늘리는 것이 시대적 요구이기도 합니다.

제가 운영하고 있는 필리핀간디학교는 현지의 비영리교육 법인을 가지고 있고 초중등 전문대학까지 설립, 운영할 수 있는 조건도 갖추고 있지만 국가교육과정을 따르는 것이 문제가 되기 때문에 인가된 국제학교로 가는 것을 선택하지 않고 있었는데요. 필리핀간디학교 또한 비인가 대안학교이기 때문에 학교로서의 미래는 더 이상 없는 것 같습니다. 그래서 아시아청소년센터Asia Youth Center로 진화를 해가려 합니다. 아시아 각국의 청소년들이 모여서 몇 개월씩 개인 관심사에 따라 학습도 하고, 아시아 친구들과 사귀고, 함께 스포츠나 음악, 미술을 즐기고 연극이나 뮤지컬 공연도 하면서 상처를 치유하고 자신을 발견하고, 평생 배움을 즐기는 법을 배우는 곳이 되면 좋겠습니다.

이제 대안학교가 정말 대안적인 교육을 하려면, 학교가 갖고 있는 특성들을 모두 버리는 것이 좋다고 봅니다. 과거의 틀에 매이면 살아남지 못할 것입니다. 학교라는 틀 속에는 꼰대들이 있을 수밖에 없고(누구든 꼰대가 되기 마련이니), 꼰대가 있는 곳에 새로운 세대들이 오지 않겠지요. 꼰대들은 떠나고, 자유정신과 창의정신을 가진 이들이 새로이 뭉쳐서 새로운 대안교육의 판을 창조해야 할 것입니다.

(vol. 118, 2018. 7-8)

회의 그만하고 공부합시다!

　민들레에서 대안교육 20년을 돌아보며 '대안학교와 민주주의'
라는 주제로 학교 운영에 관한 글을 써달라는 청탁을 해왔다. 하
지만 이런 거대담론으로 돌아가서는 이 문제를 풀 수 없다고 생
각한다. 이런 제목은 보는 순간 사람들에게 어떤 태세를 갖추게
한다. 말하자면 논리 무장을 하고 머리로 읽게 되는 것이다. 사회
적 담론으로 교육문제를 풀려는 시도는 지난 20년으로 충분했다
고 본다. 우리가 그동안 한 짓을 돌아보고 이 미로에서 빠져나와
야 할 때다.

―――――――――――――

김희동 _ 대구에서 초등교사로 아이들을 만나다가 공교육을 떠나 푸른숲학교와 꽃
피는학교 교장을 지냈다. 지금은 통전교육연구소를 꾸리면서 고전 중심의 청소년
학습공동체 '책숲삼백'과 다양한 공부모임을 이끌고 있다.

자기 성찰과 반성 없이 떠드는 일은 이제 그만하자. 그동안 숱하게 해왔던 성찰 역시 머리로 하는 거였다. 생태, 마을, 공동체, 민주주의…. 다 좋지만 그전에 먼저 자신에게 정직하고, 말 좀 그만하고, 뺀질거리지 않고, 실력을 갖추어 뭐라도 '제대로' 하고, 누군가 해야 할 일이면 안 시켜도 조용히 헌신하고, 남이 말할 때는 기다릴 줄 알고, 두 눈으로 본 게 아니면 입 닫고, 그런 정말 평범하고도 일반적인 가치부터 다시 살펴야 한다. 공부를 하면서.

그들만 없으면 될 줄 알았다

20년 전 어느 봄날, 홀로 교문을 걸어 나온 후 많은 일들이 있었다. 그해 『민들레』 3호에 썼던 '학교를 떠나며'라는 글을 다시 꺼내어 읽어본다. 도망치듯 빠져나오던 그날의 아픈 가슴이 아직도 아려온다. 초등 교사 발령 받은 지 9년째 되던 해였다.

그때 나는 교육부, 교육청만 없으면 될 줄 알았다. 나의 총명하고 쌤빡하며 시대를 앞서는 시도들, 그 가치를 알아보지 못하는 이 한심한 조직만 없으면, 마음껏 가르치고 마음껏 배우는 신세계가 펼쳐지리라 여겼다.

교과 간의 벽을 허물고, 시간표를 없애고, 놀이와 공부, 학생과 교사, 뒷산과 학교 사이의 경계를 허물려 했을 때, 한결같이 들었던 '우려의 말씀'은 "교육청에서 장학지도 나오면 걸린다"였다.

출석부만 해도 그랬다. 출석부에 남자아이 이름 먼저 올리는 것 그만두자! 여학생 이름을 먼저 올렸더니 퇴짜, 성별 구분 없이 생일 순서로 올렸더니 또 퇴짜. 모두 장학지도 지적 대상이라는 거다. 장학, 장학! 장학奬學이 아니라 장학虐學이었던가? 그 잘난 장학지도나 연구수업 공개가 있으면 일주일 전, 심하면 한 달 전부터 환경미화란 이름으로 온갖 장식이 두터운 분처럼 학교를 덮었다. 그것만 보면 이 교육은 교육청을 위한 것이 분명했다.

이런 것들이 모두 교육청으로 상징되는 국가주의, 관료주의, 권위주의에서 비롯되는 거라고 생각하고 굳게 결심했다. 교육청과 교장이 없는 곳으로 가자. 가서 내가 하고 싶은 걸 마음껏 해보자. 내가 옳다고 생각되는 그대로 한번 해보는 거야. 내가 교장이 되면 모든 것이 다 잘 될 거야.

그렇게 새로운 학교를 꿈꾸었다. 교대 후배들과 함께 방학 때마다 캠프를 열어 우리가 꿈꾸는 학교 그림을 그렸다. '민들레학교'라 이름을 붙였다. 학교의 청사진을 그리는 캠프 이름은 '민들레만들래'였다. 아이들에게 자유를 주자. 교실에서 시도한 것들을 캠프에서 더 과감하게 시도해보았다.

그런데, 어째서 아이들은 자유를 줄수록 점점 더 빼질거리고 싸가지가 없어질까? 착할수록 만만한 사람이 되고 친절할수록 왜 함부로 대해지지? 괴로웠다. 해를 거듭할수록 신념대로 행동하는 게 두려워졌다. 시간이 충분치 않아서인가? 하고 싶은 걸 다

하고 나서야 해야 하는 걸 하게 될까? 일 년마다 바뀌는 아이들, 4년마다 바뀌는 교사. 이 때문인가? 그렇다면 이런 교육틀 속에선 불가능하다는 건가? 나는 애당초 여기에 맞지 않은 꿈을 꾸는 건가?

그때 비로소 내가 아이들을 몰라도 너무 모른다는 걸 알았다. 아이들은 자유로워야 한다는 신념에 사로잡혀, 의존적인 아이들을 보면 어떻게든 자유롭게 하려고 애를 썼으니까. 아이들을 위한 교육을 한다면서 아이들을 전혀 몰랐다니! 학교를 보면 통제와 관행에 답답하고, 아이들을 보면 어떻게 대해야 할지 더욱 모르겠고, 게다가 나 자신도 모르겠고 인간 자체가 의문투성이였다. 이런 사람은 교사로 부적격이지.

그렇게 학교를 떠났다. 그리고 참으로 많은 일들이 일어났다. 인생이 대충 살아지지 않는 나로서는 지나가는 바람도, 피고 지는 꽃들도 다 말을 걸어오는데, 지난 20년이 그냥 지나갔을 리가.

왜 메뉴를 당신이 결정하는 거야

새로운 국수집(학교)을 차릴 꿈을 꾸었다. 여기저기 돌아다니며 면의 도를 깨친 듯한 이들에게 우리 면의 본질을 공부하기도 하고, 몇 년 외국물을 먹으며 그쪽 면을 공부하기도 했다. 백 년 역사를 자랑하는 발도르프 국수집은 참으로 훌륭했다. '그래도 우리 입맛에 맞는 면은 따로 있지. 돌아가면 우리 입맛 잘 연구해서 멋진 국수집을 내자. 어린아이들이 먹을 음식이 아닌가!' 그렇게 다짐했다.

국수집이 문을 열자 사방팔방에서 사람들이 모여들었다. 그 일대에는 국수집은커녕 면집 자체가 없었기에 공회당 공동식당의 잔치국수에 질린 이들이 아침부터 줄을 섰다. 숫자로만 보면 성공적인 출발이었다. 숫자로만 보면. 그런데 시간이 흐르자 서서히 입맛 다른 이들이 목소리를 내기 시작했다. 짜장면은 왜 안 되나? 당신, 면에 대한 편견이 있는 것 아닌가?

여기는 중국집이 아니고 국수집이니 일단 한번 드셔보라 해도 막무가내로 짜장면을 달란다. "나도 한때 짜장면 좋아했고 중국집 잘 되기를 바라지만 지금은 국수집 이름을 걸었으니 국수 말고는 팔 생각이 없습니다" 해도 돌아오는 말은, "당신 짜장면에 편견이 있구만"이다. 왜 메뉴를 당신이 정하는가. 독선이다, 독재다… 개중에는 스파게티 발파게티 먼 나라 요리를 해내란 사람도 있다. 해달란 대로 다 해주면 그게 뭔 전문식당인가. 대안학교가 김밥천국인가?

물론 함께 결정하고 함께 책임지자는 마음을 지녔던 이들이 많았으리라. 하지만 국수의 맛은 재료의 선택, 손끝의 정성, 화력의 세기는 물론이고 말투, 눈빛, 심지어는 테이블의 배치, 조명의 방향에서도 나온다. 이런 이해가 없거나 무관심한 이들이 최종 결정에 영향력을 갖는 것은 곤란한 일이다. 요리는 요리고 운영은 운영이라는 것을 인정하지 않는 이들과 함께 음식점을 꾸리는 일은 생각보다 훨씬 어려운 일이었다.

믿고 맡기는 것이 안 되는 이유

대안 현장을 만드는 과정은 새로운 나라를 세우는 과정과 닮았다. 우리 손으로 근대를 이루지 못하고 외세와 군부에 의해 국가가 주어졌던 불행한 역사를 바로잡는 것. 내가 교사가 되려 했던 이유이기도 했다.

해방정국에 여운형의 건국준비위원회와 인민위원회가 잘되었더라면 좌우의 갈등을 넘어선 진정한 민주주의가 일찍부터 정착되고 지방자치를 기반으로 든든한 근대국가가 만들어졌을 텐데 그러지 못했다. 이제야 교육 부분에서 우리 손으로 국가를 세우는 시도를 하는 것이 바로 대안교육이다. 그래서 권력의 분점과 의사결정과정에 그렇게들 예민한 것이다. 다른 사회영역에 비해 매우 예민하게 모든 순간, 모든 사안을 다 함께 공유하고 결정하려 한다. 하지만 철학이 공유되지 않으면 같은 결정을 해도 다르게 해석한다.

이상적이고 동시에 절차 중심적인 방식은 매 사안에 갈등을 동반한다. 그래서 학교가 세워졌다 하면 머지않아 편이 갈리고 깨어지곤 한다. 심지어 헤어지고 나서 세운 학교에서도 그 일이 반복된다. 그리고 대표가 바뀔 때마다 학교가 휘청거린다. 갈등 조정에 성공하는 예가 별로 없다. 갈 데까지 간다. 지난 20년을 그렇게 해왔다. 대안학교 현장이 늘어나는 게 분열에 의한 것이 태반이다. 이는 성장이라고 볼 수 없다.

"사이가 나빠지고 싶으면 공동육아나 대안학교를 같이 하라!" 강연에서 이 말을 하면 다들 박수를 치면서 웃는다. 이 쓰라린 말에 대해. 다들 뼈아픈 경험들이 있는 거다. 준비 모임까지는 그런 대로 화기애애하지만 배움터가 세워지는 순간 이제 살얼음판이 시작된다. 왜 그제야 서로 민낯으로 대하게 될까.

소통에 대해 한 가지 알게 된 사실은 소신이 확고한 사람일수록 자기 뜻이 관철되지 않으면 아무리 많은 대화를 해도 소통되지 않았다고 믿는다는 점이다. 끝없이 문제제기를 하고 쉼 없이 말을 만들어낸다. 소통은 말에 있지 않다. 말하다 보면 진심과 진실이 공유되어 마음이 통하는 순간도 있지만, 작정하고 달려드는 이들과는 아무리 많은 말, 밤샘 통화로도 마음의 간격을 줄일 수가 없다.

우리는 대안적인 교육현장에 맞는 의사결정구조를 만들지 못했다. 의료협동조합을 세우면 조합원은 다 의사 역할을 해야 하는가? 그렇지 않다. 그런데 교육협동조합에선 왜 다들 교사 역할을 하려 들고 최종 결정에 참여하려 하는가? 회의하는 방법과 의

사결정 방법을 바꾸어야 한다. 모든 사안에 미주알고주알 세세하게 공유해야 한다는 강박은 회의, 회의, 끝없는 회의를 낳는다.

모든 사안에 대해 모두가 동등하게 참여해야 한다는 이 하염없는 평등주의는 대안교육이 결국은 감정 소모에 지치고, '이상적으로' 쇠퇴해가는 길에 기여하고 있다. 전문성이 살아날 길이 없는, 무책임함의 끝판왕이다. 의심과 불안에 기초한 이 회의만능주의는 믿고 맡기는 것을 불가능하게 한다. 믿고 맡겨보자. 맡기고 무관심한 것이 아니라, 공부를 해야 한다.

우정을 영원히 간직하는 법

1인 1표제에 바탕을 둔 서구 민주주의 다수결 방식에 일찍부터 의구심이 들었다. 이건 전부 아니면 전무의 이분법으로 자칫 편 가르기를 조장하기 쉽다. 일찍이 1인 10표제를 제안해 시행해본 적이 있다. 가중치를 적용하는 것이다. 누구의 의견이든 어느 정도는 옳기 때문이다. 가장 동의가 되는 이에게는 5표, 공감은 되나 결론이 나와 다르면 3표, 생각은 다르지만 진정성이 느껴지면 2표 이런 식이다. 이유와 배분은 각자의 판단에 따른다.

한쪽에 표를 몰아주지 않는 것은 평정심을 갖게 한다. 실제로 해보면 결과는 1인 1표제와 비슷하지만, 소수의견도 어느 정도 표를 얻기 때문에 아주 무시당한 느낌은 들지 않는다. 훨씬 분위기가 부드러워지고 조금은 나눔 잔치 같은 분위기도 생긴다. 넉넉해진 인심이 반대 의견에도 동정표로 한두 표를 준다. 적이 아닌 것이다. 상처가 덜하다.

내부 운영의 측면에서도 보면, 대안 현장에서는 리더십도 부족했지만 팔로우십도 모자랐다. 모두 머리가 되어야 평등해지는가? 손과 발은 누가 맡지? 우리 안의 독재자도 제거해야 하지만 우리 안의 끝없는 불신도 잠재워야 한다. 어느 정도 검증된 이여서 리더로 세웠을 텐데 왜 믿지 못하는가. 물론 리더가 되자 실망을 주는 이들도 있다. 다 자기 공부가 부족한 탓이다. 자기가 뭔 말을 하고 뭔 짓을 하는지 보는 훈련을 안 하니 그렇다.

그래, 그건 리더의 몫이고 팔로우어인 대다수 우리를 생각해보자. 리더의 역할도 중요하지만 팔로우어들의 태도가 리더를 리더답게 만들기도 한다. 쉘 실버스타인의 글. "우리의 우정을 영원히 간직하는 법을 알고 있지. 나는 시키고 너는 하는 거야." 처음이 글을 읽었을 때 '웃기고 있네' 싶었는데, 두고두고 마음에 남으면서 어느 날 이런 생각이 들었다. '누군가 시킬 때, 그냥 아무 말 없이 하자.' 어찌 보면 굴종의 태도처럼 보이겠으나, 그걸 구분 못 할 리가 있나, 나 같은 '뻣뻣이'가. 이제 웬만하면 토 달지 말고 맞장구 쳐주고 잘되기를 바라고 협력해주자. 시비 가리고 대립하는 일은 이제 지쳤어.

작은 대안학교에서도 대표나 교장을 권력자로 보는 이들이 있다. 그들은 교장이 선출되자마자 즉각 견제 역할을 자임한다. 그 덕에 없던 권력도 생겨날 판이다. 이런 사고는 견제의 원리로 움직이는 정당 정치에 바탕을 둔 것인데, 지금 우리 야당들이 하는 것처럼 무조건 견제만 하려 든다. 나라(학교)와 국민(아이들)을 위한 일이면 협력하고 때로는 들러리도 설 줄 알아야 하건만 주인공 역할이 주어지지 않으면 아무것도 안 하겠다는 식이다. 팔로우십 훈련이 안 되어 있는 것이다. 지나치게 예민한 권리 의식은 조금만 달라도, 조금만 손해를 끼쳐도 날카롭게 맞선다. 이게 성숙한 민주주의고 진화하는 의식인가?

교육의 장은 매우 민감한 곳이다. 임금투쟁을 하는 곳도, 시위를 해서 권익을 관철하는 곳도 아니다. 무엇보다 성장하고 발달하고 단계를 밟아가며 사회 성원으로 자라는 아이들의 공간이다. 당연히 그에 맞게 접근해야 하며, 교사와 부모는 저마다 과제와 역할이 있다. 모두가 똑같이 기능하는 2차원 평면이 아니다. 아이는 아이고 어른은 어른이며, 교사는 교사고 부모는 부모다. 이런 다차 공간의 존재로 사는 법을 깨우쳐야 한다. 어떻게? 공부로.

공부하자

배움터의 구성원들이여, 회의는 이제 그만들 하시라. 회의가 아니라 공부를 해야 한다. 공부는 아이들만 하는 것이 아님을, 평생에 걸쳐 하는 것이 공부라는 걸 아이들에게 보여주시라. 군이 많은 말을 하지 않아도 공감할 수 있는 토대는 공부를 통해 든든히 다져진다. 나와 아이와 세상과 사회에 관한 끝없는 공부, 학문과 예술, 진리와 영성에 관한 깊은 공부는 말 너머의 세계로 우리를 이끌 것이다.

특히 대안학교 교사들은 활동 중심으로 살다 보니까 머리보다 가슴의 소리를 들어야 한다는 믿음을 갖고 있다. 머리형 인간들이 하는 말, 강단에서 하는 말을 무시하는 경향도 있다. 몸을 쓰는 사람들이 진짜라 생각하고, 아카데믹한 공부를 소홀히 하는 것이다. 이러니 우린 늘 비주류로 겉돌며 사회 변화의 중심에 서지 못한다. 모두가 중심일 수는 없지만 중심으로 들어가 변화를 주도할 능력을 아예 길러주지 않는 것은 또 다른 책임 회피다. 어디에 있든 올바른 안목과 실력으로 상황의 주인이 되어야 하지 않겠는가. 그건 공부 없이 가능하지 않다. 공부하지 않는 사람들일수록 목소리가 크고, 쉽사리 음모론과 신비주의에 빠져든다.

발도르프 교육이 세계적으로 주목받는 이유 중 하나가 교사건 부모건 깊이 있는 공부를 하기 때문이다. 인간을 이해하려는 깊은 공부가 있다. 외국에서 공부하거나 연수를 통해 만난 그곳 발도르프 선생님들이나 인지학자들에게서 받은 인상은 한결 같은 겸손이었는데 그들이 겸손한 것도 공부 때문이다. 그 공부는 영성이 밑바닥에 흐른다. 공부를 더욱 깊게 하는 것은 영성이다.

영성은 우리를 겸손케 한다. 말수를 줄여준다. 즉각 되받아치는 총명함보다는 내게 던져진 메시지가 무언지 살피게 한다. 반응이 느리다.(그런데 이상한 것은 발도르프교육도 우리나라에만 오면 그렇게 갈등과 독선, 파벌을 낳는다. 그렇게도 많은 연수를 하고 교육을 하는데…. 아마도 방법과 기술에 집중해서 그럴 것이다. 진정한 인지학, 인간에 대한 공부를 하게 되면 분위기가 달라질 것이다.)

영성을 강조하다 보면 매사에 빙긋이 웃는 사람이 되라고 하는 것 같아 조심스럽다. 웃고 싶으면 웃어야겠지만 발이 땅에서 떨어진 희멀거니가 되어서는 안 된다. 교회에 가고 절에 가서 얻어오는 것이 영성이 아니다. 수련단체의 단증도, 어려운 요가 자세도 영성을 보증하지 않는다. 언제나 기회는 일상 속에 있다. 작은 일에 섬세하고 큰일에 담대한 것. 그렇게 내면의 힘을 길러가는 것. 그것이다.

영성은 겉으로 드러나지 않는 인간 안의 다른 세계를 보는 눈을 갖게 한다. 교육과 공부에서 이만큼 중요한 것이 있는가. 대안교육은 영성에 다시금 눈을 떠야 한다. 그래야만 수다스런 민주주의에서 벗어날 수 있다. 고전을 읽고, 인문학을 깊게 공부하면서 자연과학, 사회과학, 예술이론을 함께 공부해가야 한다. 그리고 무엇보다 발달론 같은 아이를 알아가는 공부, 너와 나를 아는 기질론 공부를 해야 한다. 할 공부가 얼마나 많은데 그 작은 학교에서 헤게모니 다툼을 벌이며 전화통 붙들고 수다를 떨고 있나.

내 경험상 명상과 경전 공부는 나 자신을 알아가는 데는 도움을 주지만, 아이들을 이해하는 데는 별 도움이 되지 않는다. 이건 마음 다스린다고 될 일이 아니고 실제로 아이들을 알아야 되는 건데, 그 세계에선 자꾸 내 탓만 하게 한다. 아이들은 아무 문제가 없고 내 마음만 잘 먹으면 된다는 건데, 고장 난 시계를 쳐다보며 명상한다고 시계가 고쳐지는가? 명상은 고장 난 시계도 함부로 대하지 않도록 해주지만, 수리공이라면 무엇보다 시계의 구조와 작동 원리를 알아야 한다. 이건 신념, 태도의 문제가 아니라 지식의 문제다.

아이들에 관한 공부를 한 적이 없으니 모두 신념으로 아이들을 대한다. 그러고는 자기 탓, 구조 탓, 가정 탓, 사회 탓을 하고 있으니, 그 어떤 진단도 헛된 처방을 내리게 되어 있다. 게다가 시류와 유행을 따라 자기주도적 학습이니, 창의성, 거꾸로 학습 등 아이라는 본질을 놓친 채 방식에만 매달리고 있으니 다 헛짓이다. 아이를 공부하지 않는 어떤 교육도 망하게 되어 있다.

위기에 빠졌다니, 기회다

언제나 앞서나가는 양희규 선생님이 역시나 앞선 고민으로 길을 열어보였다. 민들레(118호)에 실린 '대안학교의 진화를 상상하다'에 많은 부분 공감하고 지혜롭게 대비해야 할 필요성을 다시금 느낀다. 그러나 학교태가 아니라 자유롭게 드나들 수 있는 센터태(?)를 만들자는 제안은, 자칫 교육 기능은 점점 포기하고 일시적 거점 공간으로 전환해가자는 이야기로 들릴 수도 있다. 짧은 주기의 방문식 과정으로는 세계에 대한 깊이 있는 접근이 가능할까 하는 우려도 든다.

"요즘 아이들이 어디 진득하니 공부하려 하나?" 이렇게 말하는 이들도 있지만 아이들이 원한다고 그렇게 해야 한다고 생각지 않는다. 아이들이 언제나 옳은 것은 아니기 때문이다. 그건 인간이면 누구든, 언제나 옳을 수 없는 것과 같은 이유다.

아이들이 배우고 싶은 것을 찾아다니면서 배우게 한다는 방식은 아이가 알고 있는 것을 넘어서지 못하게 만드는 결과를 낳을 수 있다. 자기가 모르는 세계, 자기가 이런 걸 배울지 몰랐다는 것을 나중에서야 알게 되는, 그런 교육의 본질적 기능이 작동하기 어려운 구조다. 그런 배움이 가능하려면 시간이 필요하고 진득한 관계가 필요하다.

청소년기에는 일상이 중요하다. 여행도 필요하지만 탄탄한 일상이 받쳐줄 때 여행도 의미를 띤다. 여행기의 사진들을 보면 그 과장된 표정만큼이나 일상에서 떨어진 배움이 아쉬움을 더한다. 쉴 새 없이 새로운 자극에 노출되면 오히려 감수성이 무디어질 수 있다. 웬만한 것은 눈에 들어오지도 않게 되고, 매사에 심드렁해질 수 있다. 어려서부터 다양한 체험활동을 한 아이들이 중고등학교에 가서 어지간해서는 흥미를 느끼지 못하고 쉽게 무기력해지는 것과 같다. 너무 쉽게 바람과 갈망이 성취되어버려 미지의 것을 없애버린 결과다.

일상은 자칫 매너리즘에 빠지게 하지만 작은 변화에 민감해지게 만들기도 한다. 날마다 마당을 청소하다 보면 어느 날 마당 한 구석에 핀 작은 꽃이 눈에 들어온다. 물기가 있는 마당과 없는 마당의 차이를 느낄 수 있게 된다. 어제와 오늘의 작은 차이를 알 수 있게 된다. 말하자면 환경과의 커뮤니케이션 능력, 감수성이 자라는 것이다.

어릴수록 안정감이 필요하다. 초등 시기까지는 무엇보다 안정된 가정과 안정된 배움터가 필요하다. 정해진 공간과 시간 속에서 날마다 같은 사람들을 만나는 가장 큰 장점은 안정감과 함께 깊이가 생겨난다는 점이다. 그렇게 자라면서 마음의 소동을 잠재우며 지긋이 바라볼 수 있게 된다.

꽃들에게 용서를

이 산은 왜 이래! 저기 아카시아 군락을 봐. 바람이 가시에 찔리겠네. 바위들은 왜 저기에 자리를 잡았지. 계곡은 또 왜 저쪽으로 흐르는 거야! 에헤이, 누가 길을 이렇게 내놓았대? 이 산 참 문제가 많군….

이제 산을 내려오며 오르는 동안 보지 못했던 꽃을 본다. 올라가는 길에 눈이 높은 곳만 향했던 까닭에 발아래 핀 작은 꽃들을 보지 못했다. 심지어 밟기도 했다.

미안하구나, 꽃들아. 용서를 빈다.

(vol. 119, 2018. 9-10)

3부
교육 3주체가 말하는 대안교육

3부에 실린 세 편의 좌담 기록은 2011년 하반기에 3회에 걸쳐 진행된 대안학교 학생, 교사, 부모들의 이야기입니다. 10여 년 전의 기록인 만큼 현재의 대안학교 실정과 다른 내용이 있겠지만, 대안학교의 역사와 문화를 이해하고 대안교육 1세대의 의식 세계를 엿볼 수 있는 자료로서 의미가 있다고 판단해 재수록합니다.(편집실)

아이들이 말하는
대안교육의 빛과 그늘

이 글은 2011년 7월 30일 『우리, 잘 크고 있는 거 맞아요?』 출간 기념 심포지엄에서 나온 이야기들을 정리한 것입니다. 필자이기도 한 발표자들은 대안학교 재학생이거나 졸업생들입니다. 이들은 심포지엄 전에 먼저 책 제목 『우리, 잘 크고 있는 거 맞아요?』에 문제를 제기했습니다. 자신들은 잘 크고 있는지 아닌지를 누군가에게 확인받아야 하는 의존적인 존재가 아니라며. _편집실

토론자: 곽제규(금산간디학교 졸업), 김다솜(금산간디학교 졸업), 성유진(실상사작은학교 졸업), 안혜인(민들레학교 졸업), 유청림(금산간디학교 졸업), 이수빈(꽃피는학교 재학), 이슬아(산돌학교 졸업), 사회자: 김바다(한빛고 졸업)

바다　　이렇게 많이 오실 줄 몰랐다. 이 자리는 성공 사례를 얘기하거나 대안학교가 좋은 곳이라는 말을 하는 자리가 아니라서 어쩌면 불편한 자리가 될 수도 있겠다. 먼저 학교 생활에 대해 얘기해보자.

제규　기숙형 학교에서는 도난이나 폭력 사건이 없을 수 없다. 우선 사건이 발생하면 전교생이 다 모인다. 그리고 돈이 어떻게 없어졌는지 조사를 시작하고 어떻게 할 건지 의논한다. 그 일이 두 달까지 간 적도 있었다. 사실 속터진다. 내가 한 것도 아니고 본 적도 없는 일인데 왜 이래야 하나 싶고, 너무 귀찮았다. 지금 생각해보면 좀더 첨예하게 얘기할 필요도 있었는데, 그때는 그랬다.

슬아　우리 학교도 전교생이 다 모인다. 꼭 방학 전에 일이 터져서 방학도 미뤄진다. 해결될 때까지 흩어지면 안 되니까. 또 회의 시간에 범인이라고 지칭해서도 안 된다. '돈을 가져간 친구'라고 해야 한다. 한번은 회의한 지 4일째 되던 날, 어떤 아이가 없어졌다. 그 아이는 이렇게 말하고 학교를 떠났다. "엄마를 걸고 나는 안 훔쳤다. 그러니 가겠다." 다음날 모든 학생이 자기도 그렇게 하겠다고 했다. 끝까지 자백을 안 하면 종교의식 같은 행위로 마무리되는 경우도 있다. 차라리 내가 없어진 돈을 주고 끝내고 싶었던 적도 있었다.

다솜　한국 사회에서 도난은 개인 책임으로 여긴다. 하지만 간디학교에서는 그게 전체의 책임이라는 생각을 하게 해주었다. 나는 개인적으로 그것에 공감한다. 그런 공동체 의식 때문인지, 지금도 나에게 솔직한 피드백을 해줄 수 있는 친구들은 고등학교 친구들밖에 없다.

유진　방학 직전에 폭력 사건이 있어서 다 같이 방학을 일주일 정도 미루고 매일 회의를 했다. 폭력 사건에 가담했던 아이들만 모여서 얘기한 게 아니라 우리 모두가 자기가 겪은 폭력의 경험을 얘기해야 했다. 부모님들도 다 내려와서 같이 108배를 했다. 근데 선생님들이 얘기했던 내용을 아직도 정확히 모르겠다. 그들만의 문제가 아니라는 건지, 우리 모두가 죄인이라는 건지. 그 뒤로 우리 안에 알게 모르게 숙연함과 불편함이 생겼다. 그때 선생님들이 그렇게 먼저 답을 제시하지 않았더라면 우리는 어떻게 했을까. 폭력이 무엇인지 우리 스스로 생각해본 시간이 많지 않았다. 학교에서 뭔가 배운 게 있다면 그건 선생님들이 의도적으로 무엇을 전달했을 때가 아니라 살면서 그냥 순간순간 닥쳐왔던 거 같다.

대안학교까지 보내줬는데 이 모양이라서 미안하다

바다　부모님들에 대한 얘기도 좀 해보자. 나는 스스로 대안학교에 가고 싶어서 간 경우인데, 대부분은 부모의 교육열에 의해 가게 되는 것 같다. 본인은 그다지 생각 없는데 부모의 의지가 강해서, 강요 아닌 강요로.

슬아　우리 부모님은 대안학교에 대해 잘 모르시는 상태에서 집 옆에 학교가 생겼다는 이유만으로 나를 보냈다. 자유방임교육의 종결자다. 대안학교 부모로서는 대단히 좋은 조건을 갖췄다고 생각한다. 우리 학교에 입학하는 아이들 25명 중에 15명은 중간에 나간다. 그 중 10명 정도는 부모의 권유로 나가는 거다. 대학도 가야 한다는 등의 이유였다.

다솜　　대안학교 가라는 부모님의 권유가 있었다. 나는 싫었다. 그때는 대안학교가 꼴통들 가는 학교라고 생각했고, 나는 꼴통도 아니고 친구들이랑 노래방 가는 거 좋아하고 했으니까. 그런데 안 가면 엄마한테 혼날 것 같았다. 그래서 계절학교에 갔는데 자유로운 분위기가 좋아서 결정하게 됐다. 대안학교 부모님들은 진보적인 분들이 많다. 근데 아이를 키우는 방법에서는 폭력적인 경우가 많다. 특히 암묵적인 폭력. 『녹색평론』 던져주고 감상문 써 보내라고 하고. 진보적 이념을 강요하면서 자식들을 수동적인 인간으로 길러낸다. 그러면 일반학교 아이들과 다를 바가 없지 않나? 공부를 강요당하는 대신 진보적인 삶을 강요당하니까. 대안학교를 졸업하고 나서 힘들어하는 친구도 많다. 학교에서는 생명평화를 배웠지만 졸업하고 보니 자신이 생명평화가 아니라면서 고민한다.

유진　　대안학교까지 보내줬는데 이 모양이라서 미안하다고. 부모님과 싸울 때 그런 말 많이 했다. 부모도 답을 모르고 그래서 불안하다는 것도 이해한다. 하지만 나도 무척 힘들었다. 내가 찾지 않고 그들이 던져준 것들을 배워야 하는 상황. 방법도 잘 모르면서(사실 부모님들도 잘 모르지 않나?) 어쨌든 그렇게 살아야 할 것 같은 압박이 많았다. 대안교육의 역할은 기다릴 수 있는 공간을 만들어주는 것이라고 생각한다. 들판에 있되 흔들릴 수 있게. 부모들이 믿고 기다릴 수 있는 공간으로서 대안교육이 있어야 한다. 계속해서 이렇게 저렇게 커야 한다고 농약 비료 줘가며 키우는 것 말고. 아이들을 온전히 믿어줬으면 좋겠다.

제규　　나는 미안하다는 소리 안 했고, 열 받는다고 울었다. 왜 그랬는지 생각해보면, 학교 가서 죽도록 고생하고 왔는데 집에 오면 엄마가 또 뭐라 하는 상황이 억울했다. 부모들은 자식들을 보면 많이 불안하실 거다. 어떤 부분에서는 이해가 되기도 한다. 근데 대안교육에서도 아이들을 비정상적으로 빨리 가르치려는 것 아닌가 하는 생각이 든다.

수빈　　어떤 어른들은 이미 대안학교에 대한 판단을 가지고 얘기한다. 나는 실제로 고민이 엄청 많은데도 대안학교 다녀서 그런지 얼굴이 맑아 보인다, 편안해 보인다, 이러면 할 말이 없다. 우리 학교에도 일반학교 애들처럼 무기력하게 엎드려 있는 애들도 많고, 알고 보면 많이 다르지 않다.

대안학교 애들은 다 개성 있게 똑같네!

바다　　진로에 대한 고민도 나눠보자. 사실 난 대학에 가고 싶었다. 고2 겨울방학 때 엄마한테 돈 달라고 해서 노량진 단과학원에 등록하고 고시원에서 혼자 살면서 공부했다. 대학에 왠지가야할 것 같았고, 부모님도 반대할 것 같지 않았다. 수능 결과가괜찮아서 대학에 가게 됐다. 근데 대학에 가서는 학원 다녔던 사실을 숨겼다. 친구들한테도 너희들은 과외받고 학원 다니고 했겠지만 나는 아니야, 나는 순수해, 나는 대안학교 졸업생이니까 너희들하고 달라, 하는 마음이 있었다. 그런데 시간이 많이 지나고나니 그렇게 생각했던 게 부끄러웠다. 대안학교 3년 동안 좋은경험을 많이 했는데, 그것을 삶으로 잘 구현해내지 못하고 있다는 자괴감도 들었다. 요즘엔 대안학교에 대한 생각이 좀 달라졌다. 아주 특별한 곳, 의미 있는 곳이라기보다는 내가 가졌던 좋은경험, 내가 잘 살아갈 수 있는 하나의 계기, 하나의 과정으로 생각하려고 한다.

슬아　　생각이 비슷해서 깜짝 놀랐다. 나도 성공회대에 들어가이제 1학년 1학기를 마쳤다. 제도권을 경험하지 못하면 콤플렉스가 생길 거 같아서 대학에 왔다. 근데 내 안에 일반학교 아이들에 대한 편견이 있었던 거 같다. 그래서 자발적인 아웃사이더가됐고, 친구들이 호프집에서 술 먹고 놀 때 도서관에 앉아 있다가집에 오는 생활을 했다. 나는 원래 아주 사교적인 사람인데도 그랬다. 결국 내 오만함 때문이었다고 생각한다. 대안학교를 경험했다는 것에 대한 자신감은 필요하지만 오만과 편견을 갖는 것은 문제인 거 같다.

혜인　　나는 민들레학교를 졸업하고 지금 특성화고등학교에 다니고 있다. 민들레학교 있을 때는 노래를 조금만 잘해도 너 나중에 가수 해라 하고, 글 조금만 잘 쓰면 작가 해도 되겠다고 했다. 근데 고등학교에 오니까 애들이 다 그 정도는 하더라. 거기다 공부도 너무 열심히 한다. 엄마아빠도 옛날엔 대학 안 가도 된다고 하더니 내신이 8등급, 9등급 나오니까 좀 놀라더라. 학부모 모임 갔다와서는 너도 수시 준비하라고, 포트폴리오 쓰라고도 했다. 친구들한테 "나 대학 가지 말까?" 하면 다 놀라면서 "대학 안 가고 뭐하려고?" 그런다. 사실 할 말이 없다. 친구들보다 글을 잘 쓰는 것도 아니고 그림을 잘 그리는 것도 아니고 그렇다고 공부를 잘 하는 것도 아니고, 그냥 성격 좀 좋고 사교성 있고 대안학교 경험 있는 게 다인데… 한국 사회에서 난 내세울 게 아무것도 없구나하는 생각이 가끔 든다.

청림　　나는 졸업할 때 목표가 여행가는 거였다. 그래서 대학에 안 갔고, 아르바이트 하고 공장에서 일해서 번 돈으로 지난 3월에 여행을 갔다 왔다. 목표를 성취하고 나니까 그다음엔 뭐 해야 될지 잘 모르겠더라. 지금은 영화관에서 아르바이트를 하고 있다. 좋아하는 영화도 보고 사람들도 만나고 일도 재밌기는 한데, 대학에 가야 할 것 같기도 하고, 좀 답답하다. 부모님은 도움이 필요하면 얘기하라고만 하고 강요하거나 간섭하지는 않는다.

유진　대안교육에서 말하는 옳고 민주적이고 공동체적이고 생태적인 가치들과 주류 세계의 삶들을 내 안에서 조화시킬 능력이 없다면, 그 사이에서 자기 생각을 설명해낼 수 없다면 대안교육도 의미 없는 거 아닐까. 내가 대학에 다니고 공부를 하는 이유는 내가 알고 있는 옳고 좋은 가치를 다른 사람들에게 설명할 수 있는 힘을 갖고 싶어서다. 이걸 설명해내지 못하면 내 존재가 불안해질 것 같다. 솔직히 현실을 직시하고 나면 좀 무력해지지 않나. 그렇기 때문에 더 내가 어떻게 살아야 하는지, 그 이유가 뭔지를 설명할 수 있는 언어가 있어야 한다. 대안교육이 온실 속의 다른 세상으로만 남아 있을 게 아니라면 이제 이런 고민들을 같이 얘기해야 한다.

제규　나도 좋은 대학에 가고 싶었다. 하지만 다 떨어졌다. 백사장에 누워서 이제 죽어야 되나 하고 있는데, 생각해보니까 내가 왜 이러고 있는지 모르겠더라. 내가 왜 대학에 가야 하나? 하는 질문을 그때 처음 했다. 그러니까 아무리 학교에서 좋은 얘기를 많이 해도 자신이 생각을 하기 시작해야 한다는 얘기다. 애들끼리 그런 얘기 많이 한다. "대안학교 애들은 다 개성 있게 똑같네." 다 잘난 척 하고, 진보적이고, 개방적이고, 이것저것 해본 건 많은데 딱히 할 줄 아는 건 없고, 태평양처럼 넓고 접시물처럼 얕은 경험만 있는 거다. 그럼 도대체 학교의 역할은 뭘까? 내가 지금 농사를 배우고 있는데, 모종을 하우스에서 키울 때는 아침저

녘으로 문을 열었다 닫았다 하면서 온도를 조절한다. 근데 모종을 밖으로 내보낼 때가 되면 무조건 하우스 문을 열어놓고 차갑게 한다. 나가서 얼어죽지 않도록 추위에 적응시키는 거다. 학교도 아이들에게 그런 완충작용을 해줘야 한다. 태평양도 봐야 하지만 깊은 우물도 봐야 하지 않나. 스스로 푹 빠져서 생각도 많이 하고, 남들 비판도 듣고, 그걸 수용하면서 더 강하게 자라야 한다.

유진　어떻게 살아야 하는지에 대해 얘기하는 방식도 마음에 좀 걸린다. 학교에서 70년대 동일방직 여성노동자들이 시위 중에 똥물 세례를 받는 다큐를 보여준 적이 있다. '너희는 이런 것을 느껴야 돼' 하는 강요된 메시지가 있었다. 하지만 순서상으로 뭔가 빠져 있었던 게 아닐까. 너희도 노동자의 삶을 살 것이고, 너희들의 삶이 저 삶과 연결될 수 있다는 얘기. 그런 거 없이 울분만 공유하는 상황은 위험하다고 생각한다. 모든 배움을 내 삶으로 받아들이는 게 늘 힘들었던 거 같다. 무조건 그렇게 살아야 하는 게 아니라 이런저런 것들 중에서 내가 진짜 좋아서 그걸 선택하는 게 중요하다.

대안교육에게 기대하지 말고 아이에게 기대하라

바다　질의응답 시간이다. 질문지 내용들 중 비슷한 것들은 묶어서 하겠다. 먼저 대안학교의 좋은 점도 얘기해달라는 질문이다. 우리는 대안학교가 싫어서 여기 나온 게 아니니 오해 마시기 바란다. 좋은 얘기들은 여기서 말고도 많이 듣지 않나? 그래도 한번 얘기해보자. "대안학교가 대안적인 삶을 살아갈 수 있도록 주체성을 길러주었다고 생각하나?"

슬아　대안적 삶이 무엇인지 모르겠다. 물론 자기 얘기를 할 수 있고 내 삶의 주인으로 살 수 있다는 걸 알게 됐지만, 그 외에는 잘 모르겠다. 학교에서 다같이 생명평화를 얘기했지만, 졸업하고 맥도날드에서 알바로 햄버거 만드는 일을 하는 친구도 있다. 햄버거 만들기 대회에서 1등도 했다더라. 배워서 아는 거랑 먹고사는 일 사이에서 이래도 되나 하면서 산다고 했다.

다솜　지금까지 계속 그 얘기를 한 거 같은데, 아무리 말해도 같은 질문을 한다는 생각이 들어 별로 할 말이 없다.

바다　"대안학교 부모로서 하느라고 했다. 입장을 바꿔서 본인이 부모였다면 우리보다 잘 했을 거 같은가? 이렇게 똘똘하게 자기 얘기를 할 수 있는 거 보면 잘 키운 거 아닌가? 부모들에게 점수를 준다면?"

유진　사실 이런 질문 받으면 답답하다. 우리가 잘 키워서 너희가 잘 큰 거다 하면서 자꾸 아이들을 자신들의 성과로 보고 뭔가 보상받고자 하는 부모와 교사들의 태도가 오히려 대안교육에 독이 된다고 생각한다. 나는 어른들이 나도 너희들을 기르는 과정에서 많이 성장했다고 말해주던 그 순간이 제일 좋았다. 사실 내가 잘 큰 거는 맞다. 근데 어른들이 잘 키운 건지는 모르겠다. 사실 이런 질문들은 대안교육의 고질적인 문제 중 하나인, 학생들이 학교를 함께 만들어가는 위치에 있지 못하다는 사실을 말해주고 있는 거다. 학생들은 부모들이 만든 판에서 부모들이 계획하고 의도한 것들을 느끼고 배우면서 살아가야 하는 수혜자일 뿐인가.

제규　점수 좀 그만 매겼으면 좋겠다. 아직 점수를 매기기에는 이른 시기 아닌가? 부모님들 환갑잔치 할 때쯤 되면 우리가 잘 자랐는지 얘기할 수 있을 거 같다.

슬아　대안학교든 일반학교든 모든 부모님들이 자기 사느라 바빠야 된다고 생각한다. 그냥 자기 일 열심히 하시고 아이들에겐 너무 큰 관심을 갖지 말았으면 좋겠다.

바다　"공교육 시스템에서 벗어나 있다는 소외감을 느끼진 않았나?"

청림　학교 다닐 때는 몰랐는데, 요즘 가끔 느낀다. 지금 같이 일하는 친구들이 다 일반학교를 다녔던 애들이라 그런 거 같다. 나는 공교육 시스템이나 생활을 잘 모르니까 알아간다는 생각으로 아이들 얘기를 많이 들어주고 그냥 이해하는 편이다.

바다　"대안학교 가기를 잘했다고 생각하는 순간은?"

수빈　우리 학교는 중학교랑 고등학교가 다른 곳에 있다. 중학교는 시골에 있어서 참 좋았는데, 서울에 있는 고등학교에 오니까 갑자기 초록색이 다 회색으로 바뀌고 모든 게 낯설어졌다. 또 도시 사람들을 보니까 주류의 삶과 내가 비교되기도 하고, 나는 도대체 왜 이 학교에 다닐까? 이게 진짜 잘하는 짓일까? 한탄이 나오기도 해서 그걸로 논문을 썼다. 이렇게 계속 고민해야 하고, 설명해야 하고, 아무 생각 없이 살 수 없는 건 내가 주류가 아니라 소수에 속해 있기 때문일 거다. 늘 정신차릴 수 있게 해주는 내 위치가 지금은 좋고, 그래서 대안학교에 오길 잘했다고 생각한다.

바다 "현실과 이상을 좁히기 위해 대안학교가 해야 할 일은?"

제규 먼저 자립에 대해 실질적으로 접근해야 한다. 자발적 가난을 얘기하면서 120만 원짜리 노트북을 아무렇지도 않게 쓰는 거에 대해 얘기해야 한다. 농사, 식사, 청소 같은 사소한 부분에 대해서 구체적이고 철저하게 다가가야 한다. 또 대안학교들끼리 연대해야 한다고 자주 말하지만, 지역이랑 먼저 잘 연계했으면 좋겠다. '마을학교'라고 부르는 곳도 알고 보니 마을과 고립되어 있더라. 자기들끼리만 집중하고 마을에는 누가 살고 있는지도 모른다. 인적자원이 부족하고 네트워킹이 중요하다고 얘기하기 전에, 지역 사람들과 먼저 잘 소통하면 문제들이 쉽게 해결될 수도 있다. 또 학생들도 공부에 대해 스스로 파고들 필요가 있다. 선생님이 들어와서 1교시 수업하고, 끝나면 2교시 수업하고, 학생들은 듣기만 하고, 이러면 일반학교랑 뭐가 다르겠나? 우리 스스로 기존의 배움 방식에서 벗어나지 못하면서 학교가 잘 가르치지 못한다고 성토만 하고 있는 건 아닌가 돌아볼 필요가 있다.

바다　"대안학교 선생님들이 확고한 교육관과 자질이 있다고 생각하나?"

슬아　사실 다양한 선생님들이 오시고, 처음 오신 분들은 좀 찌질한 면이 있기도 하다. 하지만 선생님들도 우리랑 같이 크는 걸 우리가 알겠더라. 나는 대학 와서 듣는 강의나 중고등학교 때 들었던 강의나 크게 질적 차이를 못 느낀다. 수업 정말 좋았고 진짜 공부하는 거 같았다. 방법에서는 고쳐야 할 게 있을지 모르지만 선생님들이 자기 삶을 다 보여주기 때문에 신뢰와 애정이 크다. 충분히 자질 있다고 생각한다.

바다　"대안교육과 공교육을 다시 선택해야 한다면 어떻게 하겠는가?"

유진　사실 지금 상태에서는 어디를 가든 상관없을 것 같다. 반드시 대안학교에 가야 대안적으로 살 수 있는 건 아니라고 생각한다. 대안교육에 대한 환상과 기대 때문에 이런 고민도 하게 되는 거 같은데, 대안교육에 기대하지 말고 아이에게 기대했으면 좋겠다. 아이가 어떤 선택을 하든 아이를 믿고, 흔들리거나 불안할 때 같이 이야기할 수 있으면 되지 않을까. 사실 졸업하고 나서 대안학교를 나쁘게 얘기하기 어렵고, 자꾸 홍보하고 포장하게 되는 게 좀 답답하기도 했다.

제규　대안학교의 장점을 자꾸 얘기하는 건 큰 의미가 없다고 본다. 그런 거 말고 우리 사는 꼬라지를 제대로 얘기하는 자리가 많았으면 좋겠다. 근데 학교에 대한 나쁜 이야기를 하면 선생님들도 불편해 하신다. 하지만 자꾸 얘기해야 한다. 지금 대안학교 판은 긍정 바이러스에 중독되어 있는 거 같다. 무조건 잘 될 거다, 낙천적으로 생각하자, 좋은 것만 알려주자, 좋아하는 것만 해라… 하지만 가끔은 쓴 약도 필요하다. 앞에서도 얘기한 것처럼 선생님들은 언제나 '너, 글 잘 쓰니 작가 돼도 괜찮을 거야. 노래를 잘하니 가수하면 좋겠다!' 같은 말을 쉽게 하신다. 아이들을 위해 하는 말이지만 너무 가벼운 격려와 칭찬은 그 효과를 반감시킨다. 아이들한테 크게 도움이 안 된다. 교사들뿐 아니라 부모도 비슷하다. 아이들을 너무 약하게 키우고 있는 건 아닌가 생각해볼 필요가 있다. 개인이 이겨내야 하는 것까지도 교사들이 너무 챙기고 돌봐주는 느낌이다. 하자작업장 같은 데서는 아이들 작업에 대한 비판이 날카롭다. 그런 게 자신을 객관적으로 보는 데 도움이 되기도 한다.

아이들은 부모가 원하는 순간에 성장하지 않는다

바다　이런 쪽지를 주신 분이 있다. "앞에 앉아 계신 여덟 분은 아주 잘 커온 사람들인 거 같다. 그런데 대안학교에는 그렇지 않은 친구들도 많지 않나? 지금 얘기들이 어느 만큼 객관적일 수 있는지, 좀더 실질적이고 전반적인 이야기를 듣고 싶다."

제규   잘 자란 것처럼 보인다고 하지만, 여기에 앉아 있으니까 그렇게 보이는 거다. 다른 곳에서는 안 그렇다. 나는 처음 풀무 전 공부에 들어갔을 때 모종을 막 밟고 다녔다. 각자의 삶 속에서는 쓸모없는 사람으로 여겨지기도 한다. 나도 사실 어떻게 살아야 할지 모르겠고, 애들 다 거기서 거기다. 어떤 부분은 훌륭하지만 어떤 부분은 모자라고 부족하다. 사람들이 다 그렇지 않나. 총체적으로 봐야 한다.

유진   나도 작년까진 정말 답이 없던 애였다. 부모님 원망도 많았고, 왜 나를 어릴 때부터 대안학교같이 이상한 데 보냈냐고도 했었다. 그런데 아이들은 절대로 부모님들이 원하는 순간에 성장하지 않는다. 이렇게 컸으면 좋겠다는 부모의 의도와는 다르게 자란다. 성장한다는 건 자신의 세계가 붕괴되는 순간 그걸 어떻게 다시 쌓아올리느냐에 있는 거 같다. 그건 자기 내공이라든지 자기를 객관적으로 보는 힘이나 성찰하는 힘에서 오는 거고, 사실 그런 게 대안학교에서 길러져야 하는 거지, 생태적으로 살고 평화롭게 살아야 한다는 결과만 남는 건 잘못된 거라고 생각한다. 예전에 엄마가 자꾸 『민들레』 읽으라고 하는 게 싫었다. 잘 자란 애들 얘기가 나랑 무슨 상관인가. 그런데 나도 작년에 『민들레』에 글을 썼다. 나는 그간의 고통에 대해 쓴다고 썼는데 역시나 부모님들은 잘 자라난 지금의 결과만 보더라. 그동안의 괴로움은 다 삭제되고 자기 언어를 가진 지금의 모습만 평가되는 게 좀 불만스럽다.

바다   끝날 시간이 많이 지났다. 좀 거칠게 얘기한 부분도 있지만, 우리들 이야기가 도움이 되었으면 좋겠다. 긴 시간 동안 들어주셔서 감사하다.

(vol. 76, 2011. 7-8)

교사들이 말하는
대안교육의 빛과 그늘

『민들레』 76호에 실린 '아이들이 말하는 대안교육의 빛과 그늘'을 읽고 대안학교 교사들이 이야기를 나눴습니다(2011년 9월 2일). 교사의 개인적인 견해와 학교의 입장이 다를 수 있어 학교와 이름을 따로 밝히지 않았습니다. 이야기를 나눈 사람들은 다음과 같습니다.(사회_편집실)

김샘(기숙형 중고등학교 7년차 교사), 이샘(기숙형 중고등학교 8년차 교사), 박샘(기숙형 중고등학교 9년차 교사), 윤샘(도시형 초중고통합학교 10년차 교사)

당연히 차별할 수밖에 없지

사회　　아이들이 대안교육의 빛과 그늘에 대해 솔직한 생각들을 털어놨다. 그 목소리에 응답해야 하지 않을까 하는 생각으로 이 자리가 만들어졌다. 아이들이 알지 못하는 빛과 그늘에 대한 얘기도 나눠보자. 먼저 아이들과의 관계 맺기에 대한 얘기부터 시작해보면 어떨까?

박샘   대안학교 교사들에게 착한 교사 콤플렉스가 있기는 하다. 다그치거나 단호해야 할 때도 있는데 그러지 못했던 걸 아이들이 아는 거 같다. 하지만 치유와 성장이 가능하도록 보듬어주는 게 필요한 아이들도 분명히 있다. 아이들의 성향과 속도가 다 다른데, 집단으로 있다 보니 아이들마다 개별적으로 접근하기 어려운 게 문제다.

이샘   방학 전에 '학교 대토론회'를 했는데, 그 자리에서 교사들이 아이들한테 많은 지적을 받았다. 아이들이 불만사항을 써낸 게 A4용지로 빽빽하게 여섯 장 분량이었는데 그걸 보고 교사들도 좀 상처받은 거 같더라. "잘못했다고 맨날 사과하지 말고 아예 그런 일을 하지 마라"는 말도 들었다. 어떤 교사는 농담처럼 누가 이걸 썼는지 꼭 찾겠다고 했다. 제일 많았던 건 차별대우에 대한 거였다. 그런데 어느 교사가 그러더라. "당연히 차별할 수밖에 없지. 애들이 다르고 존재가치가 다 다른데." 그런데 문제는, 지적을 한 건 한 아이인데 받아들이는 교사 입장에서는 그게 모든 아이들의 지적으로 다가온다는 거다. 공개적인 자리라서 교사들이 더 위축된 면도 있다. 하지만 일반화라는 함정에 빠지지 말아야한다. 교사들마다 자신의 방식이 있지 않나. 나 같은 경우에는 애들을 자상하게 보살피기보다는 툭 던져주고 고민해보라는 식으로 접근한다. 대신 애들의 선택을 신뢰한다. 어떤 아이들은 "선생님은 맨날 고민만 하라고 해" 하면서 불만을 가질 수 있지만, 그건 맞고 틀리고의 문제가 아니라 그냥 다른 교사와 다른 내 방식인 거다.

윤샘　학교에 교사가 열 명인데, 우리 반 아이가 다른 교사에게 가서 나에 대한 불만이나 다른 생각들을 종종 말한다. 반대의 경우도 물론 있다. 그런데 그 아이가 한 얘기가 근거 없는 게 아니다. 교사 집단과 학생 집단이 만나는 게 아니라 교사와 학생이 개인과 개인으로 만나기 때문에 자신의 성향이나 상처로 인한 불편함이 있을 수 있는 거다. 진짜 똑같이 대해도 아이마다 다르게 느낀다. 물론 아주 가끔은 교사가 봐도 문제가 있는 교사들도 있다. 그런 건 교사들끼리도 서로 느끼고, 그래서 평가 때마다 충분히 얘기하려고 한다. 교사 자신도 자기한테 교사라는 옷이 맞는지 아닌지 반신반의하는데 그걸 아이들이 모르겠나. 아이들이 말하지 않나, 처음 온 교사들이 좀 찌질하더라고. 그런데 나는 그것 또한 대안학교 아이들의 힘이라고 생각한다. 서로 밀접하게 지내면서 사람에 대해 많은 것을 읽어낼 수 있는 능력이랄까.

김샘　가끔 애들을 잘못 키웠나? 하는 생각이 들 때가 있다. 아이들이 영악함을 보일 때 특히 속상하고, 그게 돈 문제일 경우엔 더 그렇다. 자본주의 사회에서 좀 다르게 키워보자고 이렇게 모여 있는데, 그런 모습들을 보이면 참 난감하다. 그런데 학교마다의 상황이 달라서 어느 한때의 경험과 상처들을 대안학교 전체의 문제로 느끼며 오독하는 것은 경계해야 한다고 생각한다. 대안학교라도 규모에 따라, 철학에 따라 조금씩 다 다르지 않나. 그래서 오히려 현장 간의 넘나듦을 통해 서로의 장점과 취약점들을 적나라하게 나누어야 한다고 생각한다.

교사도 무엇이 정답인지 모른다

사회　전체가 모여 회의하고 종교적인 방식으로 끝맺음하는 공동체의 문제해결 방식에 대해서도 아이들의 불만이 컸다.

이샘　학교는 완전한 공동체가 아니라 민주적인 것, 자치적인 것, 공동체적인 것을 훈련하는 곳이다. 그렇기 때문에 몇 번이고 실수해도 용납되고 수용되는 거 아닌가. 훈련과 연습의 시간들도 귀한 삶이다. 다만 아이들이 지금 훈련과 연습의 삶을 사는 중이라는 걸 서로가 인정할 필요가 있다. 문제가 있을 때마다 다양한 의견을 모으고 실천해보는 자치 훈련은 사실 힘든 과정이다. 그래도 끊임없이 해보라고 요청할 수밖에 없다. 때마다 무조건 전체가 다 모여 얘기하는 것에 대해선 나도 좀 불편하다. 하루 이틀에 해결될 게 아니고 길게 가야 하는 교육적 문제라면 굳이 일상의 흐름을 끊을 필요가 있나 싶다.

윤샘　어떤 학교에서는 아이들이 먼저 단식이나 108배 같은 걸 제안한다는 얘기도 들었다. 교사도 그렇고 아이들도 그렇고, 문제를 해결해온 오랜 방식이 있기 때문에 비슷한 문제가 발생하면 그 작동원리에 따라 자꾸 그런 결론을 내는 건지도 모른다.

이샘　그런데 사실은 교사도 정답을 모르기 때문에 이런저런 시도들을 하는 거 아닌가. 학교가 문을 연 첫 해에 교사 지갑이 없어졌다. 그래서 별별 방법을 다 동원해봤다. 같이 절도 하고 묵상도 하고 토론도 하고 산에도 올라가고. 결국 안 나왔다. 그런데 한 번 그렇게 하고 나니 그 다음부터는 비슷한 일이 있을 때마다 자동으로 그런 방식을 따르게 됐다.

윤샘　대안적인 문제해결 방식에 대해 교사도 답을 갖고 있지 않다고 고백해야 한다. 우리 학교에도 초기의 시도들이 어느새 학교의 전통처럼 답습되고 있는 것들이 많다. 내용은 사라지고 껍데기만 남은 규칙과 행사도 있다. 물론 과거에는 치열하게 고민해서 만든 것들이지만 말이다. 제도나 방식은 그 자체로 중요한 게 아니지 않나. 원리와 원칙은 변하지 말아야겠지만, 지금에 맞는 새로운 방식을 아이들과 같이 계속 찾아나가야 한다.

박샘　우리 학교도 도난사건 때마다 엇비슷한 방식으로 문제해결을 했었는데, 초기에 그 방식을 제안했던 교장선생님이 이제는 답답했던지 그만 하자고 하더라. 그래서 도난사건의 경우 당장 없어진 물건을 되찾는 데 주력하기보다 앞으로 재발되지 않게 하는 방법을 같이 찾는 걸로 조금씩 바꿔왔다. 성찰보다는 실질적인 방식에 집중했다고 할까. 실제로 그런 방식을 취한 다음 도난 횟수가 줄기도 했다. 공동체라는 이름으로 아이들을 너무 힘들게 하고 있는 건 아닌지, 이게 집단주의적 방식은 아닌지 매번 고민하게 된다.

윤샘　중고등 연령 시기에 공동체 생활, 특히 기숙사에서 지내는 게 사실 힘들지 않겠나. 온갖 것들에 대해 민감해지는 사춘기 시절에 집단으로 모여서 스스로도 정리되지 않은 생각들을 통해 그 많은 문제들을 해결해야 한다니. 그런 의미에서 보자면 아이들이 말하는 공동체는 진정한 의미의 공동체가 아닐 수도 있다. 그런데 아이들이 자기들의 경험치만으로 공동체 자체에 대해 진저리치는 모습들을 보면 안타깝기도 하다.

박샘　공동체에는 밀실과 광장이 같이 있어야 한다. 그래야만 개인과 공동체가 평화롭게 공존할 수 있다. 그게 이상적이라는 건 알지만, 알다시피 재정적으로 너무 열악하니까 그렇지 못한 환경에 어쩔 수 없이 아이들을 던져놓는 거다. 아이들이 불만을 느끼는 건 어쩌면 그런 지점일 수도 있다.

아이들을 불편하게 하는 것이 교육이다

사회　빨간약, 파란약 얘기도 다시 나왔다. 졸업생들 중에는 학교에서 먹인 빨간약들이 사회를 재단하는 성급한 잣대가 되어 불편했다는 아이도 있고, 감수성마저 교육하려는 또 다른 방식의 주입식 교육이었다고 토로하는 아이도 있었다.

박샘　때때로 가치나 철학이 앞섰던 건 사실이다. 어떤 일에 앞장서 나가는 사람들이 범하는 오류일 것이다. 하지만 긴 과정으로 볼 필요가 있다. 졸업생 아이 하나가 '마을학교'에 갔는데 그 속에 정작 마을이 없더라는 말을 했더라. 그런데 '마을학교'라는 것은 실체가 아니라 하나의 가치인 거다. 그래서 그 가치에 부응하려는 노력들이 끊임없이 뒤따르는 거고. 물론 그 과정을 지켜보는 아이들 입장에선 어른들의 노력이 부족하다고 느낄지도 모르겠다. 그래서 개인적으로는 중고등과정 아이들에게 분명한 가치를 드러내고 보여주는 게 부담스럽기도 하다. 그냥 교사들이 살아가는 모습을 지켜보면서 아이들이 스스로 가치를 선택하도록 좀 유연하게 둬도 좋지 않을까.

윤샘　가치에 대한 집중이 있었다고 인정한다. 그런데 솔직히 말하면 나는 그거 하려고 여기에 있다. 내가 성장하고 공부하면서 옳다고 배운 것, 세상은 이렇게 되어야 해 하는 생각들, 그런 것들을 아이들에게 말해주고 싶어서 교사가 됐다. 가치를 배제하고 어떻게 교육을 말할 수 있겠나. 제도권교육도 그렇고, 결국은 자신의 가치를 아이들에게 주입하는 거 아닌가.

이샘　가치는 씨앗과 같은 거라고 생각한다. 밭에 알타리무 심을 때 씨앗을 엄청 뿌리지 않나? 어떤 건 발아가 되지만 어떤 건 그냥 썩고, 솎을 때도 이걸 뽑을까 저걸 뽑을까 무진장 고민한다. 심고 키우는 일은 어느 정도 폭력적일 수밖에 없다고 생각한다. 가치를 심는 것도 마찬가지다. 어른을 보면 인사해라, 네 일은 네가 알아서 해라, 이런 것도 결국 가치 아닌가. 살아가는 방법과 기준이 다 가치인 거다. 또 가치는 시대상을 반영하기도 한다. 1950년대에 대안학교를 했다면 훌륭한 농부 만들기가 목표였을 거다. 7, 80년대는 자유가 최고의 가치였고 지금은 생명과 평화의 가치들로 나아가고 있다. 아니, 생명 평화뿐 아니라 이전 세대가 해결하지 못한 가치들까지 모두 떠안고 있다. 그 가치들을 계속 씨앗처럼 뿌리고 있는 거다. 물론 교사에 따라 섬세하게 뿌리기도 하고 대충 뿌리기도 하고, 뿌리고 나서 발로 슬쩍 밟아주는 교사도 있을 수 있다. 방식의 문제는 반성할 여지가 있기도 하다.

김샘　대안교육이 가치와 담론의 홍수 속에 있다는 비판을 받는데, 그건 우리가 지금 하고 있는 일과 해야 할 일들을 정교하게 다듬기 위해서 필요한 과정이라고 본다. 오히려 더 다양하고 깊이 있게 담론화 되어야 하지 않을까. 자유교육에 대해서도 여전히 혼란을 겪고 있다. 노작이나 영성교육에 관해서는 교사들의 인식차가 더 심하다. 우리가 몸담은 현장을 객관화해서 이게 도대체 왜 힘들까? 대안교육 안에서 산다는 게 왜 이렇게 힘든 걸까? 하는 생각들을 같이 해봤으면 좋겠다. 부족함을 인정하면 그 다음엔 방법이 생기지 않겠나.

박샘　현장들이 가치에 대해 좀 긴장하고 있는 편이긴 하다. 교사들도 스스로 불안하니까 목소리를 높여 더 강조하는 거고,

안전 범위 내로만 영역을 넓히는 거다. 그런 불안함이 다들 있지 않나? 그런데 얼마 전 교사회의에서 그런 얘기를 했다. 아이들이 우리와 평생 살 것도 아닌데, 학교 밖에 나가 지금과 전혀 다른 삶을 산다면 우리가 하는 일들이 너무 허무한 거 아닌가? 물론 처음 학교 밖으로 나갔을 때는 아이들이 그동안의 삶을 부정할 수도 있다. 경쟁 속에서 더 먼저 꼭대기를 차지하려는 애들도 있을 거다. 하지만 그러다가도 불현듯 왜 이렇게 사는지에 대한 고민이 분명히 생길 거고, 그때 생태와 평화가 다시 생각난다면 그것만으로도 충분하지 않을까 하는 얘기를 했다.

윤샘　애들이 밖에 나가 원칙대로 살기 어려운 조건이다. 먹거리 문제만 해도 울타리 안에서는 잘 지켜지지만 밖에 나가면 지켜지지 않는다. 학교는 바깥세상과 너무 극명하게 다른 목표를 잡고 있고, 자본주의의 병폐에 대해 학문적으로 가르치기보다는 옷살림이나 밥살림처럼 생활적으로 소박하게 말하려고 하는데, 사실 현실감이 좀 떨어지긴 한다. 학교도 딜레마에 갇혀 있는 거다. 솔직히 교사들에게도 삶으로 실천하기 어려운 부분이 있다.

박샘　어떤 식으로든 교사와 부모들이 같이 합의만 할 수 있다면 괜찮다. 최근 학교에서 아이들에게 그냥 빵을 줄지 우리밀 빵을 줄지에 관한 논쟁이 있었다. 아직도 결론이 나지 않았다. 또 얼마 전에는 한 교사가 사회적 이슈가 되는 집회의 내용을 홈페이지에 올렸는데, 학부모 중 한 명이 학교가 정치적인 사안에 대해 이렇게 의사표현을 해도 되느냐고 항의했다. 갈수록 학부모들의 성향도 다양해지고, 가치에 대해 합의하기가 어려워진다.

이샘　우리 학교에선 얼마 전에 어떤 부모가 기숙사에서 왜 친환경 샴푸를 안 쓰냐고 했다. 그건 선택의 문제 아니겠냐고 했더니, 아니 어떻게 가치에 대해 아이들에게 선택의 기회를 줄 수 있느냐고 하더라. 하지만 여러 명의 아이들에게 하나의 답을 강요할 순 없다. 왜 친환경 샴푸를 써야 하는지 충분히 정보를 주고 스스로 선택하게 하는 거다. 아이가 결국 머릿결이 더 부드러워지는 시중 샴푸를 선택했다면 그걸 인정해줘야 하지 않겠나. 강압적인 분위기 때문에 몰래 쓰는 이중적인 생활보다는 그게 낫다고 본다. 결국 시중 샴푸를 쓰는 아이 마음은 안 불편하겠나. 불편함을 모르던 아이를 불편하게 만드는 것이 교육이라고 생각한다.

윤샘　솔직히 가르치는 교사도 그 내용이 다 몸에 배어 있지 않다. 최근 합류한 젊은 교사들의 경우 더 그렇다. 한편으론 우리가 좀 느슨해진 것 같기도 하다. 그래서 학교가 교사들에게 학교의 가치를 설득하느라 소비하는 에너지도 상당하다. 그래도 할 수 없다. 교사도 자라야 한다. 처음부터 완성된 교사가 어딨나. 교사의 미숙함은 어쩌면 당연한 거다.

이샘　우리 학교는 교사회 내에 다양한 스펙트럼이 있다. 어떨 때는 애들보다 교사들끼리 의견을 모아내는 게 더 힘들다. 뭐든 투쟁하며 얻어냈던 70년대 방식으로 계속 밀고 나가기는 어려운 것 같다. 다른 방법을 강구해야 한다. 아이들에게도, 같은 교사들 사이에도 가치를 심고 키우는 방법이 더 섬세해지지 않으면 안 된다.

박샘   애들이나 학부모들 심지어 교사들도 가치에 대해 문제 제기 할 수 있다. 아까 빵 문제로 논쟁한 얘기를 했는데, 그것도 결국 건강에 대한 가치를 되묻고 서로 의견을 조율해가는 거다. 하지만 기본적으로 학교철학에 동의하는 사람들이 모여야 한다. 매번 철학에 대한 해석이 전혀 다르다면 같은 울타리에 있을 이유가 없지 않나.

이샘   얼마 전에 교장선생님이 교사들에게 학교 철학에 대한 세미나를 하자고 제안한 적이 있다. 근데 교사들이 수군수군하면서 "우리 학교 철학이 뭐야?" 그러더라. 물론 명제화된 내용을 모르는 게 아니다. 개념에 대한 해석이 다른 거다. 자기가 살아온 배경에 따라 천차만별이다. 예를 들어 자유의 문제만 해도 폭력이나 흡연 사건이 터질 때마다 교사들의 잣대가 제각각 다르다. 어떤 교사는 그 정도는 아이들이 누려야 할 자유라고 하고, 또 어떤 교사는 그건 자유가 아니라 방종이라고 하고. 사실 자유가 뭔지에 대해 교사도 평생 배워가야 하는 거 아닌가. 다만 아이들과 합의를 하는 거다. '자유란 선택에 따른 책임을 지는 것'이라고 말하고 너희들의 발달 정도에서 보자면 이 정도는 책임을 지는 것이 맞겠다고 말할 수는 있다.

흔들리는 아이들은 괜찮다

사회　　아이들의 졸업 후 진로에 대한 고민이 학교마다 어떻게 진행되고 있는지 궁금하다.

박샘　　우리 학교는 아이들 진로에 대해 크게 걱정을 안 하는 편이다. 아마도 가치에 대해서 열고 있기 때문인 것 같다. 부모님들 중에는 졸업 후에도 아이들에게 계속 빨간약을 먹이거나 아니면 빨간약과 관련된 일을 할 수 있게 도와줘야 한다고 생각하는 분들도 있다. 하지만 나는 그런 생각을 경계하는 쪽이다. 원한다면, 원하지 않더라도 살다보면 당연히 파란약도 먹을 수 있다. 그 과정에서 고민도 하고 생각도 하면서 아이들이 자기 길을 찾을 거라 믿고, 그걸 지켜보자는 입장이다.

이샘　　진로교육의 핵심은 자기 내면의 소리를 듣는 훈련에 있다고 생각한다. 내 관심이 어디를 향하고 있는지 자기관찰을 하고 그걸 잘 탐구하도록 돕는 게 결국 모든 수업의 목표 아닌가. 글쓰기나 토론을 통해 자기 애기를 해내는 아이들은 이미 내면의 소리를 듣는 게 가능한 아이들이다. 하지만 아직 그렇지 못한 아이들도 많다. 교육의 목적이 치유는 아니지만 배움의 근본이 치유인 건 맞는 거 같다. 일단 자기 트라우마에서 벗어나야 나의 내면이 뭘 그리워 하는지, 어느 때 온전한지를 들여다볼 수 있기 때문에 교사들은 그 과정을 함께 해주어야 한다고 생각한다.

김샘　아이들이 당장 몸담아야 하는 사회에 대해 교사들이 정확한 이해를 가지고 있나 냉정하게 돌아봐야 한다. 가끔은 아이들을 앞에서 끄는 게 아니라 뒤에서 미는 느낌이 들 때도 있다. 그래서 보완장치로 이미 졸업해 사회에 나가 있는 선배들과의 네트워킹 작업을 하기도 한다. 재학생들에게는 자기 선배들의 생생한 삶이 가장 큰 영향을 미치는 거 같다.

박샘　아이들이 엉덩이 붙이고 공부하는 힘을 기르지 못했다고 하더라. 대안학교라도 제대로 공부를 했다면 그 힘이 있을 텐데, 제대로 그 힘을 길러주지 못한 거 같다. 아이들 지적 중에 가장 마음에 걸렸던 건 교사들이 수업에 열정이 없다는 얘기였다. 사실 여유가 없기도 하다. 생활과 수업이 모두 중요하다고 말은 하지만, 학교 운영에도 참여해야 하고 가끔 학부모들과 실랑이도 해야 하고 아이들 생활 문제까지 챙기다보면, 솔직히 수업 준비에 전념하기가 쉽지 않다. 매 학기, 매 수업마다 이게 아이들의 절실한 주제와 맞닿아 있는가 돌아보는데 자신이 없다. 교육이 구호로 그치지 말아야 할 텐데 걱정이다.

윤샘　엉덩이 힘도 그렇고 다른 면에서도 아이들이 일반학교 애들에게 열등감을 느끼기도 한다. 중등 나이가 되면 주변이 보이기 시작하니까 더 그런 것 같다. 세상을 자신감 있게 살라고 열심히 키웠는데 오히려 열등감을 느끼는 거다. 고민이 많았다. 부모의 불안과 아이의 불안이 겹치는 지점도 있다. 그래서 중등과정에서는 우리 내용에 대한 확신을 더 주려고 노력하고, 고등과정이 되면 반대로 아이들이 흔들릴 수 있는 물음들을 다시 던진다. 내가 옳다고 믿는 것들에 대해 반문할 기회를 주는 거다. 그런데 나는 흔들리는 아이들은 안심이 된다. 학교를 부정한다고 해도 자기 근거를 가지고 그런 생각을 할 수 있다면 우리가 할 몫을 다한 거 아닌가. 교사 입장에서 진짜로 죄책감이 들 때는 부정할 힘조차 없는 아이들을 지켜볼 때다.

누구보다 교사들에게 전망이 필요한 때

사회　　아이들만큼 교사들도 대안교육의 그늘에 대해 할 말이 많을 것 같다. 못다한 얘기들을 마저 꺼내보자.

윤샘　　교사들도 부푼 꿈과 욕심을 갖고 대안학교에 왔는데, 매번 내가 하고 싶은 것들은 뒤로 밀리고 부모가 원하는 것들에 먼저 귀 기울여야 한다. 우리 학교 교사들끼리 얘기하다 보면 비슷하게 꿈꾸는 학교의 상이 있다. 담임이나 학년 없이 아이들이 오면 오는 대로 가면 가는 대로 두고, 과목이나 분반도 없이 학교라는 틀을 해체하는 거다. 시스템에 갇히지 않기 위한 고민인데, 교사들끼리 천천히 준비하자고 얘기하는 중이다.

이샘　　나는 아이들 진로보다도 나이든 교사들의 진로문제가 고민이다. 나이든 교사들이 많아지면서 노후를 어떻게 해야 하나

하는 얘기를 많이 한다. 정년이 넘어가면 체력적으로나 감수성 면으로나 현장에서 지내기는 어렵다. 이런 고민들도 공동체 내에서 같이 해내야 한다.

윤샘　공감 가는 얘기다. 교사들도 자신의 삶이 누구보다 중요한 사람들이다. 지금까지는 학교와 자신의 삶을 일치시키며 살았지만, 이제 성숙하게 분리해 낼 줄 알아야 한다.

김샘　교사들이야말로 포스트 교사를 생각해야 하고 실버 공동체를 말해야 한다. 그 전망을 보여줘야만 평생 몸담을 교사들이 올 수 있다. 그런데 아이들을 돌보느라 바빠서 우리 자신에게 집중할 시간이 없다. 하지만 교사들에게 실존적 문제에 대한 비전을 틔워주지 않으면 결국 대안교육은 위태롭게 될 것이다. 이제는 소셜 디자인이 필요하다.

사회　더 얘기를 나누고 싶은데 아쉽다. 꼭 덧붙이고 싶은 말씀을 해달라.

박샘　교사로서 학교에 대한 불만을 얘기하자면 끝이 없지만, 사실 안쓰러운 마음이 커서 잘 못하겠다. 아이들이나 부모들과는 달리 학교를 앞장서 만들어온 교사들은 그럴 수 없는 거 같다. 가끔은 현실적으로 대안학교가 언제까지 지속될 수 있을까 싶다. 특히 비인가 학교의 경우 더 이상 아이들이 오지 않으면 문을 닫아야 하는데, 그 상황을 어떻게 받아들여야 하나 싶다. 아마도 대안교육 시즌2로 자연스럽게 변화해야 할 것이다. 내면의 힘을 믿으면서 아이들 장래에 대해 큰 염려를 하지 않는 것처럼 교사들에게도 힘이 있다면 그게 뭐든 또 잘 만들어갈 수 있을 거라고 생각한다. 다만 그런 상황이 너무 갑자기 오지는 않았으면 좋겠다.

윤샘　아이, 교사, 부모, 각각의 주체가 건강하게 잘 살아왔나 점검이 필요한 때다. 서로의 생각을 알아야 같이 더 잘 살 수 있다. 아이들이나 부모들 얘기는 들을 기회가 가끔 있었는데 교사들 속 얘기를 듣는 자리는 처음이었다. 얘기 나눌 수 있어 기뻤다.

이샘　우리가 만나는 아이들은 사실 소수다. 하지만 이 아이들이 결혼하고 아이들 낳아 기르면서 이 사회에 긍정적 영향을 미친다면, 결국 그것이 사회를 변화시키지 않을까. 그런 의미로 나는 아이들에게 잘 연애하는 법도 알려주고 싶고 육아, 결혼, 출산에 관한 가족교육도 잘 시키고 싶다. 그게 결국 다음 세대의 교육을 위해 우리가 할 수 있는 일 아닐까.

김샘　아이들이 힘들다고 하지만, 전인미답의 과정을 가고 있는 아이들에게 당장은 힘든 그런 경험들이 결국엔 큰 자산이 될 거라는 얘기를 해주고 싶고 용기를 주고 싶다. 가치를 전하는 방식에 대해서는 아이들 눈높이에 맞도록 좀더 재기발랄하게 연구해야 할 것 같다. 또 동료교사들을 어루만질 수 있는 힘에 대해서도 깊이 고민해야겠다. 마냥 이 상태로 갈 수는 없을 것 같고, 누구보다도 교사들에게 전망이 필요한 때다.

(vol. 77, 2011. 9-10)

부모들이 말하는
대안교육의 빛과 그늘

아이들, 교사들의 이야기에 이어 부모들의 이야기를 싣습니다. 참석자들의 의견에 따라 이름과 학교명을 따로 밝히지 않는 점 양해 바랍니다. 참석하신 분들은 다음과 같습니다.(사회_편집실)

김(부 / 첫째와 둘째_기숙형 중고등 과정 졸업, 셋째_초등 과정 5년) , 경(모 / 첫째_도시형 초중고통합 고등 과정 2년, 둘째_초등 과정 6년), 유(모 / 첫째_기숙형 중고등 과정 5년), 은(모 / 둘째_도시형 중고등 과정 3년)

가치교육? 부모도 괴롭다

사회　　가치교육에 대한 이야기로 시작해보자. 지난 좌담들을 통해 아이들에게 쥐어준 가치의 잣대가 너무 무거운 게 아닌가 하는 지적이 있었다.

김　　나는 과거를 돌이켜봐도 마땅히 기댈 만한 스승이 없었다. 학교를 다니면서 그렇게 많은 교사들을 만났는데 정작 스승이 없었다. 생명, 평화, 조화로움에 대해 배울 기회 역시 없었다. 심지어 아이가 어떻게 생기는지도 모르고 결혼해서 부모가 됐다. 나는 어쩔 수 없이 이런 길을 걸어왔지만 내 자식에겐 같은 과정을 겪게 하고 싶지 않다. 이게 옳은 길임을 뻔히 아는데 당연히 같이 가야 하지 않겠나. 진보적 파시즘이라고 해도 하는 수 없다.(웃음) 물론 아이들의 반발이 없지 않다. 막내가 피아노학원을 다니는데 오가는 길에 불량식품 사먹는 재미로 다니는 거 같더라. 그래서 내가 제재를 하면 큰애가 "왜 애 욕구를 통제해서 자꾸 성격 안 좋아지게 하냐?"고 따진다. "네가 아빠 입장이라면 자식을 죽음의 길로 그냥 보내겠냐?" 해도 아빠가 틀렸다고 한다.

경　　　가치교육이 아이들만 괴롭히는 건 아니다. 대안교육은 나한테도 또 하나의 부담스러운 종교다. 샴푸만 써도 고해성사해야 될 것 같고….(웃음) 나도 그동안 나름 대안적인 삶을 살았다고 생각해서 '나 정도면 되겠지' 했는데, 막상 대안학교 학부모가 되고 보니 지켜야 할 원칙들이 한두 가지가 아니고 내 삶을 완전히 바꿔야 하는 것들도 있더라. 엄마로서 아이에게 모범을 보여야겠지만 한번씩 좀 피곤하기도 하고 대충 살고 싶기도 하다. 학교 안에서 친환경 제품만 써야 할 것 같은 분위기가 은연중에 있지만 솔직히 난 일반 제품도 같이 쓴다. 어떤 부분은 교리대로 잘하지만(웃음) 모든 걸 다 지키는 건 너무 힘들고, 어떤 것들은 내 안의 기질이나 정체성이 복합적으로 작용해서 불편하기도 하다.

은　　아이가 기숙형 대안학교에 있다. 학교에선 모든 음식을 생협에서 구해다 먹이는데 애들은 동네 가게에서 파는 치킨을 제일 좋아한다. 그러던 중에 먹거리 원칙이 확고한 교사가 아이들과 회의를 거쳐 치킨 반입 금지를 결정했다. 아이들도 그런 음식을 먹지 않는 게 맞다는 걸 아니까 아무 말 못한 것 같다. 그런데 결국 몰래 치킨을 반입하다가 학교가 난리가 나서 전체 소집까지 했다고 하더라. 요즘도 아이가 집에 오면 그 욕구를 푸느라 치킨 타령부터 한다. 학교와 집이 따로 노는 이중생활인 거다. 아이들의 현실을 인정하고 거기서부터 끌어올려야 하는데 이상적인 목표를 너무 서둘러 강요하고 있는 건 아닐까. 아이들의 심정도 이해하면서 느긋하게 접근했으면 좋겠다.

유　　아이가 학생회 활동을 열심히 했다. 학교설명회를 할 때마다 대안교육 이야기를 아주 적극적으로 했다고 한다. 라면공청회에서도 라면을 먹지 않아야 하는 이유에 대해 아주 말을 잘했다. 그런데 집에 오면 라면 끓여 먹는다. 말로는 다 알지만 정작 생활 속에선 말과 다른 모습을 보이는 거다. 겉으로는 대안교육에 빠르게 적응한 것 같은데 아이 삶 속에선 깊이 체화되지 않은 느낌이 있다. 주변에서는 아이에 대한 칭찬이 자자하지만 내가 보기엔 전혀 그렇지 않다. 아이한테 이런 얘기를 하면 "엄마나 잘하세요." 그런다. 아이 스스로도 알고 있으니까 변할 거라고 믿지만 마냥 기다리는 일이 쉽지는 않다.

경　　사실 나도 주입식 교육을 하는 경향이 있다. 집에서 아이들한테 인권 관련 다큐를 보여주거나 정치적 사안들에 대해 알려주려고 애쓰는 편인데, 작은애는 다큐를 볼 때마다 꾸벅꾸벅 졸고 큰애는 보긴 보는데 도대체 왜 저렇게 사냐고 시큰둥하게 군다. 설명해주고 설득해보지만 잘 먹히지 않는다. 그런 아이한테 "너 참 싸가지 없다"고 대놓고 말했다. 한편으론 내가 뭘 잘못했기에 애가 저러나 싶기도 했다. 그런데 큰애가 이번 학기에 초등 대안학교에서 인턴십을 하게 됐다. 그러더니 집에 와서는 "초등 애들이 생각이 없고 왜 다 그 모양인지 모르겠다"고 푸념을 늘어놓더라. 서로 배려도 안 하고 봉사정신도 없다나. '내가 널 보면서 그랬다'고 속으로 혼자 웃었다. 내가 원했던 생각과 가치들이 아이 입에서 조금씩 나오는 걸 보면서, 눈에 보이진 않았지만 그동안 차근차근 가치가 쌓여갔구나 싶었다. 그게 주입식 교육이었더라도 말이다.(웃음)

공동체교육과 지식교육

사회　　학교의 교육과정에 대해 그간 못했던 말들도 한번 꺼내볼까?

유　　학교 초기엔 대부분의 부모들이 터전 마련하느라 온 힘을 쏟았는데, 학교가 커지고 나니 이제 막 들어온 저학년 부모들 중심으로 지식교육에 대한 문제제기가 시작되더라. 다른 교육에 비해 지식교육이 너무 부족하다는 거다. 초기 부모들과 가치관이 많이 다른 것 같기도 하고 지금쯤 필요한 얘기인 것 같기도 하고, 좀 혼란스러웠다. 교사들은 난색을 표했고 아직까지 학교 안의 뜨거운 감자로 남아 있다.

길　몇 년 전 둘째아이 학교 부모들 사이에서도 아이들이 너무 놀기만 하는 것 같다는 얘기가 나왔다. 몇몇 부모들은 학교 수업을 직접 들어보고 싶다고 요구하기도 했다. 이 일로 학교 분위기가 꽤나 심각했다. 이런저런 논의 끝에 교육과정은 교사들의 몫이고 학부모가 이래라저래라 하는 건 교권 침해라는 의견이 모아졌다. 그 다음부터 부모들은 그냥 서로 잘 놀기나 하자고 했다.

경　우리 아이는 초중고 통합 도시형 학교에 다닌다. 고등과정이 처음 만들어졌을 때는 검정고시 합격할 수 있는 정도의 공부는 학교에서 가르치겠다고 했다. 그런데 막상 아이들과 지내보니 학습에 대한 아이들의 욕구와 성장속도가 너무 다르다고 하더라. 최근에는 생태나 공동체, 일머리 키우는 교육에 더 치중하고 있고 검정고시를 준비하는 아이들은 저희들끼리 동아리를 만들었다. 아이들이 요청하면 부모들이 도움을 주는 정도고, 검정고시 준비과정은 교과과정에서 다 빠졌다. 우리 학교가 도시형 대안학교라 그런지 몰라도 배려가 필요한 아이들이 좀 많은 편이다. 지식교육에 대한 부모들의 갈등이 없진 않지만 지식교육보다 치유가 먼저 필요한 측면도 있다.

김   아이들이 막상 졸업하고 보니까 공부 뒤떨어지면 어쩌나 하는 고민들이 정말 불필요한 것이었단 생각이 든다. 별 다른 지식교육 없이도 아이들이 다 잘 컸다. 검정고시도 자기가 필요하니까 인터넷 강의 들어가면서 금방 통과하더라. 길게 보면 너무 고민할 일이 아니다.

은   학교 규모가 작아 아이들이 직접 밥을 해먹는다. 아이들이 자기가 한 밥을 제일 맛있어 한다. 집에 와서도 밥을 제법 잘 한다. 또 공동체 생활을 하면서 여러 상황에 따른 감정들을 이겨내고 서로 맞춰가는 훈련을 하는 것도 귀한 경험이라고 생각한다. 하지만 이런 공동체교육과 지식교육이 대립되는 건 아니다. 꼭 검정고시 때문이 아니더라도 공부하는 몸을 만들고 공부하고 싶은 마음이 들게 만드는 것은 중요하다. 반복학습과 시험의 필요성에 대해서도 다시 생각해봐야 한다. 경쟁의 의미가 아니라 돌아보는 과정으로서의 시험을 말하는 거다. 공부를 위한 실질적인 체계들이 부족하다. 아이들이 체계 없이 주워들은 것만 많아서 겉멋이 드는 건 아닌지 안타까울 때도 있다.

경   큰애한테 학교에 대한 불만이 뭐냐고 물었더니 "가르치는 건 별로 없는데, 수업 이름과 목표들이 너무 뻥튀기된 거"라고 하더라. 대안경제, 도시재생… 내가 봐도 좀 거창하긴 하다. 사실 수업 내용도 소박하고 애들이 쓴 에세이를 봐도 이해 수준이 높지 않은 편인데, 너무 부풀려진 느낌이다. 또 어떤 과목은 너무 어려워서 애들이 잘 받아들이지 못하는 것 같기도 하다. 학교의 눈높이가 아이들보다 더 높은 건 아닐까. 얼마 전 학교에서 한 학부모가 강사로 참여해 아이들 논술수업을 했는데 오탈자 확인, 텍스트 숙독, 자료 찾는 방법과 같은 정말 기본적인 수업이었다고 한다. 그런데 아이들의 호응이 컸나 보더라. 거대담론이 아닌 쉽고 짧은 글로 수업했고 '생각이 담길 것과 오탈자가 없을 것' 정도만 지키면서 글을 완성하게 했다는데, 오히려 아이들의 수준을 이해한 수업이란 생각이 들었다.

'천 개의 일자리'를 상상하라

사회　　아이들이 고등과정을 졸업했거나 졸업을 앞두고 있다. 진로 얘기도 좀 해보자.

김　　나는 처음부터 아이한테 대학 가지 말라고 했다. 대학 갈 바에는 그 등록금으로 차라리 세계 배낭여행을 하라고 했다. 대학 다니는 것보다 얻는 게 더 많을 거라고 생각해서였다. 그런데 아이 스스로 대학에 가서 지금 3학년이다. 하지만 올해까지만 다니고 학교를 그만두겠다고 한다. 더 이상 학교에 답이 없다고, 교양과목 같은 수업 들으러 일 년을 더 다니기엔 돈과 시간이 너무 아깝단다. 최근엔 호주 공동체학교를 혼자 알아보더니 그 학교로 가겠다고 하더라. 스펙 쌓으러 가는 게 아니라 진짜 진로를 찾는 과정이란 생각이 들어서 그러라고 했다.

은　　아이가 앞길을 잘 개척해가는 경우인 것 같아 부럽다. 대안교육한마당 같은 데서 자기 길을 잘 찾아가는 졸업생들 얘기를 들으면 우리 애도 저렇게 될 거라는 기대감이 생기지만, 실제로 모든 아이들이 다 그럴 수는 없는 거 아닌가. 졸업하고도 여전히 헤매는 애들도 많을 거 같다.

유　　학부모들이나 아이들은 졸업생들 만나서 얘기를 좀 듣고 싶은데, 교사들은 졸업생들도 아직 혼란 속에 있으니 당분간 그냥 두자고 한다. 우연히 졸업생 한 명과 얘기할 기회가 있었는데 잘 지내냐고 했더니 집에서 컴퓨터만 한다고 했다. 아이 엄마는 아이에게 알아서 하라고만 하는 모양이었다. 갈피를 잡지 못할 때 정보도 주고 길을 보여주면 아이가 좀더 수월하지 않을까. 물론 알려주되 재촉은 하지 말아야겠지만.

경　　예전에 우리 학교의 어느 아이가 쿠바 의사에 관한 책을 보고 의사가 되겠다 해서 그 부모가 좀 난감했다고 한다. 한국에서 의사 되기가 얼마나 힘든가. 의대에 갈 수 있나 없나는 초등학교 6학년 성적으로 결정된다는 말도 있다. 의사가 되고 싶다는 애한테 그럼 쿠바나 남미로 가라고 할 수도 없고, 대안교육 받으면서 의사를 꿈꾼다는 아이한테 무슨 얘길 해줘야 하나 싶더라. 그런데 다른 직업들을 생각하면 대안들이 아주 없진 않다. 언론을 예로 들자면 요즘 1인 미디어나 뉴미디어가 새롭게 주목받고 있지 않나. 대학 안 나와도 발로 뛰면서 진정성 있는 기사를 쓴다면 승부가 가능하다. 제2의 나꼼수를 만들 수도 있다. 우리에게도 박원순 시장의 '천 개의 일자리'처럼 새로운 걸 만들어낼 수 있는 장이 필요하다.

김　　　청소년 진로과정 수업을 맡아 할 기회가 있었는데, 그때 아이들에게 이렇게 말했다. "그게 무엇이든 너희들 스스로 대안적인 생각을 해야 한다. 예식장을 예로 들어보자. 비슷비슷한 공장식 예식장들이 주위에 얼마나 많냐? 그런 거 말고 너희들이 대안적인 예식장을 한번 만들어봐라." 생태학교 경험을 살려서 야생초 회사를 만들어볼 수도 있고, 그 밖에도 새롭게 찾아 할 수 있는 일은 무궁무진하다. 어떻게 오늘 씨 뿌리고 내일 거둘 수 있겠나. 뭐든 생각만 할 게 아니라 직접 부딪혀봐야 한다. 호된 여름 장마까지 지나야 가을걷이를 할 수 있는 거다.

대안학교도 무상급식 해주세요!

사회　　학교를 여럿이 함께 꾸려가자면 매번 문제가 발생하는 게 어쩌면 당연한 거다. 학교 내 고민거리에 대해서도 같이 얘기 나눠봤으면 한다.

경　　　학교에서 사소한 도난사건이 자주 발생해서 부모들이

번호키 사물함을 만들자고 제안했다. 돈을 소홀히 관리한 아이한테도 문제가 있다고 여겨서다. 아이들이 교실을 옮겨 다니면서 수업을 들으니까 가방이 여기저기 널려 있게 되고, 열린 가방 안에 돈이 보이니 마음이 동하는 거 아닌가. 그래서 우리 스스로 도둑을 만들지 말자는 생각으로 사물함 관리를 정확히 할 수 있게 해주자고 한 거다. 그런데 교사의 생각은 달랐다. 사물함이 허술하거나 열쇠가 없어서가 아니라고 했다. 도난을 개인의 문제로 돌리기보다는 공동체의 문제로 풀어야 한다는 생각에서 그런 것 같다.

김   아이들 얘기를 들어보면 도난사건이 있을 때마다 아주 지루한 토론 과정이 있었다고 한다. 아이들 스스로 해결해보라 하고 지켜보는 교사들은 얼마나 힘들었겠나. 졸업한 뒤에 아이가 그러더라. 지내놓고 보니 그런 과정들이 큰 교육이었고 공동체를 고민하는 구체적인 계기가 되더라고.

경   하지만 모든 문제를 같은 방식으로 해결하는 것에는 문제가 있다. 도난사건과 달리 폭력이나 성문제는 아이들에게 훨씬 예민하고 심각한 것일 수 있다. 예를 들어 성과 관련된 사고를 도난사건 해결하듯이 처리한다고 생각해봐라. 공개적으로 문제를 해결하려는 시도가 연관된 당사자들을 이중삼중으로 괴롭히는 꼴이 될 수도 있는 거다. 한 가지 방법으로 모든 문제를 해결할 수는 없다. 또 공동체라는 이름으로 가해자에게 너그럽게 굴고 피해자가 상황을 이해하고 받아들이기를 바란다면, 그건 피해자의 입장에서 또 한 번의 상처가 될 수도 있다. 모든 문제를 더 세심하게 들여다봐야 한다.

김　　둘째아이의 경우 같이 입학했던 친구들 23명 중 한부모 가정 아이들이 절반을 넘는다고 했다. 그 얘기를 듣고 나니 이 사회가 해결해야 할 일들 중 많은 부분을 대안학교가 떠안고 있다는 생각이 들었다. 아이를 기숙학교에 보내놓고 형편이 어려워 학비를 못 내다가 그냥 졸업시키고 마는 집도 있었다. 학부모들끼리 학비 낮추는 문제를 갖고 계속 얘기해보지만 알다시피 답이 없다. 상황이 이런데 대안학교 문턱이 높다, 귀족학교다 하는 말을 들으면 어이가 없다. 특히나 재정문제는 서로의 주머니를 털어 보태는 방식 말고 뭔가 사회적인 해결책이 필요하다.

경　　'대안교육지원법 만들어라' 하는 목소리가 왜 전체의 담론이 되지 못하는지 모르겠다. 좀더 연대해서 정치적 쟁점으로 만들어야 하지 않나. 박원순 서울시장이 후보 시절 우리 동네에서 대담을 한 적이 있었는데, 6학년 아이가 손을 들고는 대안학교도 무상급식 지원받고 싶다고 했다. 아이들은 당차게 자기 의견을 얘기하는데 학부모들은 그렇게 하지 못했다. 신종플루 때문에 나라가 발칵 뒤집혔을 때도 비인가 대안학교 아이들과 홈스쿨러들은 우선예방접종 대상에 포함되지 않았다. 공교육에 있지 않다는 이유만으로 교육과 복지의 혜택에서 제외된다는 건 부당하

지 않나. 또 대부분의 대안학교들이 장애통합교육을 하고 있기도
한데, 언제까지 정부 지원 없이 모든 걸 우리가 알아서 꾸려가야
하나. 당당하게 정부로부터 받아야 할 것을 받을 수 있도록 연대
하고 실천했으면 좋겠다.

유   터전 구하느라 학교 부채가 많이 누적됐다. 교육비나
예탁금 인상으로도 한계가 있고 해서 비영리단체로 전환하는 방
안을 생각 중인데, 이 모든 고민을 개별 현장 혼자서 떠맡으려니
어려움이 많다. 대안교육 울타리 안에서 같이 힘을 모을 수 있는
일들은 모아냈으면 한다. 재정 문제, 터전 문제와 함께 대안학교
교사 처우에 관한 제도적 보장도 꼭 마련되어야 할 것 같다.

은   도시형과는 다르게 기숙형 학교의 학부모들은 여기저
기 뿔뿔이 흩어져 있어서 기본적인 의사소통도 참 힘들다. 갈수
록 부모들의 스펙트럼도 다양해져서 조율하는 것도 쉽지 않고,
시간적으로도 물리적으로도 역부족이란 생각이 들 때가 있다. 교
사들도 각자 생각하는 가치의 개념이 다 다른 것 같다. 학교의 가
치가 뭐냐고 묻는 사람들이 있는데, 사실 나도 잘 모르겠다. 그런
데 아주 사소한 문제들이 막 튀어나온다. 심지어는 졸업식 날 아
이들에게 졸업장을 주냐 안 주냐를 갖고도 의견 충돌이 있었다.
친구 아이가 일반학교에 다니는데 아주 힘들어 한다며 고민을 털
어놨다. 예전 같으면 무조건 우리 학교 보내라고 했겠지만 지금
은 안 그런다. 겉으로는 좋아 보이지만 알고 보면 넘어야 할 산들

이 만만치 않아서 친구에게 보여주고 싶지 않은 느낌도 있다.

경　　공동체가 갈수록 공고해지고 서로 너무 친하다는 게 마음에 걸리기도 한다. 옳고 그름이 아닌 인정을 기준으로 판단하는 건 문제 아닌가. 그런데 객관적으로 아니다 싶을 때도 좋은 게 좋은 거라며 감싸주는 분위기가 있다. 학교가 옳은 방향으로 갈 수 있도록 자꾸 따지고 묻고 하는 게 필요하다고 생각은 하지만, 끈끈한 관계들 안에서 매번 그러기가 쉽지 않다. 그렇게 '우린 아무 문제도 없어' 하는 마음으로 지내다가 어느 순간 뭔가에 실망하면 조용히 떠나는 사람들이 있다. 정말 속상하고 답답하다. 아이들이 보고 있지 않나. 건강하지 못한 소통으로 싸우지도 말고, 뒤돌아서 떠나는 것으로 해결하지도 말고, 좀 불편해도 정확히 소통하려 노력하면서 건강함을 유지했으면 좋겠다.

학교가 너희들만의 제국이냐?

사회　　대안학교의 역사가 십 년을 넘어서면서 학교마다 규모가 달라졌고, 크고 안정된 학교로 아이들이 몰리는 것도 사실이다. 몇몇 학교의 경우 브랜드화를 염려하는 목소리도 들린다.

경　　학교가 너희들만의 제국이냐 하는 주변의 시선이 있다. 그런데 우리가 주목받는 건 순전히 미디어 탓이다. 매체에서 환상의 학교로 만들어버렸다. 그래서 모집에 어려움이 없을 정도로 사람들이 꾸준히 찾아오기는 하지만, 알려진 것과 달리 우리 학교는 아직 부족한 게 많다. 빚도 많다.(웃음) 그래도 우리 안에 지역과의 나눔에 대해 고민하는 이들이 많이 있다. 지역 일에 먼저 손 내밀고 뭐든 함께하려고 노력 중이다. 대안교육 진영에서도 규모가 큰 학교들이 어떤 역할을 해야 한다고 요구할 수 있다. 그런데 솔직히 우리는 제 앞가림하는 것만으로도 여유가 없다. 학교의 브랜드라는 게 철학과 교육과정에 대한 것이라면 우리 학교는 브랜드를 얘기하기에 아직 많이 부족한 것 같다. 일개 학부모 입장에서 보면 그렇다는 거다.(웃음)

김 큰애와 둘째가 모두 이름만 대면 알 수 있는 대안학교에 갔다. 그런데 막내의 중등 진학 문제를 같이 의논할 때 둘다 자기 학교를 추천하지 않았다. 너무 찌질하다는 게 이유였다. 어른들이 생각하는 이미지는 허상일 수도 있다. 어느 학교에나 있는 문제와 갈등들이 소위 이름 있는 학교에도 똑같이 다 있다.

은 학교가 작아야 진짜 대안학교 아닌가. 개인적으로 친분이 있던 유명인사가 자기 아들을 데리고 우리 학교에 와 보더니 결국은 큰 학교로 가더라. 그런 경우가 많아 참 안타깝다. 그럴 때마다 학교가 더 커져야 하는 건가 고민하게 된다. 솔직히 우리는 우리 학교에 와주는 것만으로도 너무 고맙다. 이름값 따지지 않고 학교를 선택한 것만으로도 우린 이미 동지라는 생각이 든다.

경 학교 전형기간에 입학면접위원을 했는데, 함께 지내는 데 어려움이 있는 아이들이 많이 왔더라. 아이 상황이 안타깝고 우리 학교가 아니면 대안이 없겠단 생각도 들지만, 힘들게 만들어온 학교 분위기가 흔들릴까 걱정되고 제대로 같이 갈 자신이 없어서 괴롭기도 했다. 대안교육을 원하는 아이와 부모들은 점점 많아지는데 대안학교는 부족하고 진입장벽도 너무 높다고 머리로는 생각하는데 말이다. 또 한편으로는 경제적인 요인 때문인지 학교에 자꾸 중산층 아이들만 모이게 되는 것도 문제라고 느껴진다. 어쩌면 학교의 이름값을 만드는 건 학교의 교육내용과 함께 그 안에 모여든 부모들의 학벌이나 경제, 문화적 수준이 만들어내는 인맥의 힘일지도 모르겠다. 공교육이 아무리 문제가 있다 해도 모든 계층의 아이들이 장벽 없이 함께 모여 공부한다는 대의가 그 안에 있다. 우리 아이들은 무상급식이 왜 필요한지 실감하지 못한다. 밥값 못 내는 걸 생각해본 적이 없기 때문이다. 외국여행만 해도 그렇다. 대안학교들이 아이들의 외국여행을 너무 당연하게 생각한다. 돈이 있어야 대안교육 할 수 있다는 생각을 우리 스스로 확산시키고 있는 건 아닐까.

김 　　그래서 부모들에게도 계속 교육이 필요하다. 학교마다 학부모교육의 내용과 수위가 다르고, 자기 학교 안으로 생각이 갇히기도 한다. 시스템적인 교류가 필요하다. 학부모학교 같은, 부모들을 위한 대안적인 교육과정을 같이 만들어보면 어떨까. 아이들 말고 부모들의 대안적 진로에 대한 고민도 나눠볼 수 있지 않겠나.

엄마는 대안적 삶을 살고 있어?

사회　마지막으로 꼭 덧붙이고 싶은 이야기가 있으면 자유롭게 얘기해 달라.

유　학교 운영위원회 일을 맡아 하는데, 학부모 앞에서는 교사 입장을 얘기하게 되고 교사들한테는 학부모 입장을 얘기하게 된다. 개인적으로 박쥐 신세 같아서 참 힘들다. 또 아이가 교사 말만 옳다고 생각하고 부모 말은 무시하기 일쑤다. 교사는 학부모가 이래라 저래라 할수록 아이들이 개성과 주체성을 잃는다며 될 수 있는 대로 아이 문제에 관여하지 말라고 하지만, 그렇다면 학부모의 설 자리는 어디인가. 가끔 아이를 학교에 뺏긴 것 같은 느낌이 들기도 한다.

경　예전에 아이가 한동안 학교를 비판하는 눈으로만 본 적이 있었다. 근데 학교에서는 그걸 엄마 생각으로 오해하는 것 같더라. 나는 오히려 아이한테 "학교 후지다고 하지 말고 너나 잘하라"고 하는데 말이다.(웃음) 당연한 말이지만 아이와 부모의 소통, 아이와 학교의 소통이 모두 중요하다. 어느 한쪽하고만 소통이 되는 게 문제다. 아이에게 보내는 학교와 가정의 싸인이 같아야 하는데, 둘이 서로 다르면 그걸 받아들이는 아이가 얼마나 혼란스럽겠나. 또 교사들 사이의 갈등도 균형을 유지할 수만 있다면 나쁘지 않다고 생각한다. 기존 교사들은 고정관념이 강한 반면 새로 온 교사들은 관행에 대해 문제제기하는 게 가능하다. 건강한 충돌로 토론이 이루어지는 문화가 좋다고 생각한다. 상대가 아이든 부모든 교사든 서로를 권위로 누르지 않아야 한다. 상대를 설득할 수 없다면 그건 전통이 아니라 권위인 거다.

은　아이가 입학할 때 마치 내가 입학하는 것처럼 즐겁고 행복했다. 머리가 점점 크면서 아이가 내게 묻는다. "엄마는 행복해? 대안적 삶이 뭐라고 생각해? 그리고 그렇게 살고 있어?" 일종의 도전을 받는 것이다. 생업에 얽매여 있는 입장에서 어떻게 대안적 삶을 살아야 할지 고민이 자꾸 깊어진다. 다른 부모들이나 교사들과도 만남을 계속 이어가고 싶지만, 아이들이 졸업하고 나면 대개 인연이 끊어지더라. 어떻게 관계를 이어갈까 하는 것이 큰 숙제로 남아 있다.

김　나도 아이를 대안학교 보내면서 참 행복했다. 가는 곳마다 형제들을 만났다. 지금도 늘 보고 싶다. 아이들 말고 그 부모들이 보고 싶다. 나중에 우리끼리 요양원이라도 만들어 같이 살자는 말도 나온다. 앞으로 어떤 공동체를 꾸릴지에 대한 우리의 고민이 언젠가 대안교육 안에서도 큰 동력이 될 거라 믿는다.

(vol. 78, 2011. 11-12)

스스로 서서 서로를 살리는 교육으로 가는
길가에 핀 '민들레'를 만나보세요.

정기구독 신청

교육=학교교육이라는 통념을 깨고

삶이 곧 배움이 되는 새로운
교육문화를 만들어갑니다.
가르침과 배움의 경계를 허물고
함께 배우고 성장하고자 하는
이들이 손을 잡을 수 있게 돕습니다.
자기가 선 곳에서 교육을 바꾸어가는
부모와 교사, 학생들이
전국 70여 군데에서 활발히
독자모임을 이어가고 있습니다.

교사라는 울타리를 넘어

격월간 『민들레』는 '교사의 시선'에
머물러 있던 저에게 부모와 육아,
대안학교와 청년들의 문제까지
넘나들며 여러 사람들의 관점을
연결해주었습니다. 그리고
희망이라곤 찾을 수 없었던
'교육' 속에 생기를 불어넣으며
새로운 싹을 틔우는
사람들 소식을 전해주었습니다.
우리는 누군가에게 닿아야 살아갈 수
있습니다. 삶의 기적을 알아채고
서로에게 기대면서 말이지요. 저는
그 벗으로 『민들레』를 선택했습니다.

_ 전 초등학교 교사 양영희

구독 안내

낱권 11,000원
일 년 구독료 66,000원

10명 이상 함께 신청하시면
구독료를 10% 할인해 드립니다.

정기구독을 하시면 민들레에서 펴낸 책
구입 시 10% 할인해 드립니다.

민들레 02) 322-1603 | www.mindle.org
mindle1603@gmail.com